Murmure
des émotions

Tous droits de reproduction, traduction ou adaptation reservés pour tous pays. Toute reproduction que ce soit, sans le consentement de l'auteur est sanctionnée par les articles L. 335-2 et suivants du Code de la propriété intellectuelle.

Retrouvez-nous sur nos réseaux sociaux :

 @editions.bussiere

 @bussiere_editions

Pour plus d'informations, rendez-vous sur notre site web :

editions-bussiere.com

© Éditions Bussière - Novembre 2022
ISBN : 978285090-847-7

Caroline Foucher
Illustrations de Cyrielle Foucher

Murmure
des émotions

Éditions Bussière
34 rue Saint-Jacques
75005 Paris

Préambule

Enfant, j'ignorais qu'il existait un monde constitué d'une multitude d'émotions simples, diverses et complexes auxquelles s'ajoutaient du ressenti, des sentiments et des pensées. Ce premier savoir émotionnel s'est construit à travers le discours des adultes et le regard des autres. Je n'avais jamais pensé à l'interroger, jusqu'au jour où…

… j'ai rencontré le livre *La difficulté de vivre* de Françoise Dolto. C'était au début de mon adolescence. Il a ouvert une porte en moi, une compréhension sur certaines choses que je n'arrivais pas à exprimer. Depuis, je n'ai eu de cesse de continuer à développer cette curiosité, cette envie de mieux comprendre cette intelligence émotionnelle et ce qui gravite autour d'elle. Je me suis nourrie de nombreux concepts, d'étude en sciences humaines, de connaissances en thérapie comportementale et cognitive, en sociologie, en philosophie, en analyse transactionnelle, en programmation neuro-linguistiques, etc. Je me suis également appuyée sur mes expériences professionnelles et personnelles aussi riches que variées.

Jusqu'à ce jour, j'accompagne et j'écoute de nombreuses personnes dans leurs affects, leurs expériences et leurs histoires. À force d'entendre des récits de vie entremêlés d'émotions, de ressentis et sentiments, j'ai eu envie de leur laisser la parole.

Hédoniste du savoir, j'aime apprendre au sens le plus large possible, mais aussi partager ! Alors, tout comme disait Socrate avant moi :

« Le savoir est la seule matière qui s'accroît quand on le partage »

J'ai eu envie de partager en imaginant ce recueil.

Nous avons tous la possibilité de rechercher la définition d'une émotion dans un dictionnaire, mais cela est insuffisant pour la comprendre véritablement… C'est donc parti de là, lorsque j'avais face à moi des personnes qui savaient exprimer une émotion (ou pas) et qui restaient tout de même dans l'incapacité de la traverser. J'ai donc progressivement recherché à en savoir plus et c'est ainsi que de fil en aiguille où plutôt de définition simple en analyse par une approche systémique, j'ai pu appréhender la complexité d'une émotion en l'interconnectant à son environnement et bien d'autres choses encore. C'est ainsi que les premières fiches que j'ai réalisées sur les émotions sont nées. Elles étaient très théoriques et regroupaient un mélange de connaissances en psychologie et en philosophie avec un soupçon de thérapie comportementale et cognitive. Des années plus tard, et après les avoir fait évoluer, elles sont devenues plus fines et poétiques donnant un ton personnalisé et intimiste.

Et c'est ainsi que vous découvrirez les émotions, sentiments ou ressentis les plus souvent entendus, et ce qu'ils nous murmurent pour peu que nous leur prêtions une oreille avertie ! *Murmure des émotions* est pour vous l'occasion d'entendre ce que veulent vous dire vos émotions et vous amener à mieux vous comprendre et à mieux vous connaître !

Mon souhait est de partager mes connaissances sur cette intelligence émotionnelle qui existe en chacun de nous. Apporter, à celles et ceux qui le souhaitent, un éclairage sur du ressenti de façon simple et concrète. Et, naturellement, de fournir des clés de compréhension aux personnes désireuses d'entamer une quête dans la grande aventure de la connaissance de soi.

Ce recueil a pour vocation d'apporter un premier niveau d'information. Il ne remplace pas une thérapie. Il vous invite à la curiosité en allant rechercher des précisions sur ce que vous ignorez de vous. Que savez-vous de vos comportements, de vos agissements ou de vos émotions ?

Avez-vous observé que vos émotions — par exemple — pouvaient vous transporter ou bien vous freiner ? Certaines d'entre elles circulent librement en vous tandis que d'autres génèrent blocages et blessures émotionnelles. Elles sont puissantes et exercent une grande influence sur vous. Apprendre à décrypter ce pouvoir en prenant le temps de les écouter vous permet de gagner en sagesse et en autonomie.

Les émotions sont partout, dans vos relations familiales, amicales, professionnelles, amoureuses, etc. Elles constituent, pour partie, le fonctionnement de l'Être, dans toute sa grandeur et toute sa complexité, et c'est fascinant. Diderot, écrivain et philosophe français (1713 – 1784) rappelait que *«la connaissance libère l'être humain et le conduit au bonheur»* tout en sachant que *«celui qui s'annonce pour savoir tout montre seulement qu'il ignore les limites de l'esprit humain»*.

Laissez-vous alors guider par le Colibri, qui s'inspire de *La légende du colibri*, un conte amérindien raconté par Pierre Rabhi. Au fil des pages, il vient vous révéler une part cachée de vos émotions. Le choix de ce colibri est également dicté par l'envie de faire quelque chose et de le partager en ôtant l'aspect austère de la pure théorie. Aimant écrire, j'ai tout naturellement eu envie d'allier ma curiosité des maux et mon amour des mots pour apporter un éclairage différent sur ce que nous croyons connaître et ainsi donner naissance aux lignes que vous allez découvrir maintenant. Considérez donc ce colibri comme un allié, venant par son action modeste vous proposer de faire avancer les choses. Il symbolise une aide et un guide, rien de plus.

Voici donc un modeste recueil contribuant à nourrir cette connaissance de soi et à comprendre l'influence des émotions sur notre raisonnement et nos comportements. Un travail sur soi que le maître Socrate, philosophe grec (470 – 399 av. J.-C.) appelait le *soin de l'âme*.

Belle découverte à vous.

Caroline Foucher

Le mot de l'illustratrice

Je suis Cyrielle Foucher, l'illustratrice de ce recueil et fille cadette de l'autrice, Caroline Foucher. Outre le lien familial, j'ai été amenée à travailler sur ce recueil des émotions car je connaissais et appréciais beaucoup le travail et les écrits de ma mère, étant moi-même passionnée de psychologie et de philosophie.

Lorsqu'elle m'a proposé d'illustrer ses textes, elle souhaitait en premier lieu des illustrations abstraites, épurées. Après quelques essais artistiques infructueux, elle m'a alors laissé carte blanche avec pour seule condition d'éviter les représentations communes des émotions (un visage qui crie pour la colère, un visage qui pleure pour la tristesse…). C'est à ce moment-là que l'idée du colibri en tant que fil conducteur est arrivée. J'ai joué avec les textes pour en tirer des «images». Leur lecture m'inspirait des thèmes et des idées que je retranscrivais à travers des illustrations en utilisant l'un de mes outils favoris : le symbolisme.

Chaque image contient des symboles ou des références, parfois tirés de la mythologie. La Colère dont la statue rappelle Atlas portant la voûte céleste ; l'Énervement représentant une hydre, animal mythologique dont deux têtes poussent lorsque l'on en coupe une ; la Rancune, représentée par un serpent qui se mord la queue en référence à l'Ouroboros — symbole du temps, d'évolution, de renaissance. Ces références sont aussi tirées d'expressions courantes, l'Anxiété représente un *«chien qui se mord la queue»*, signifiant tourner en rond ; la Trahison représente l'expression anglaise *«a wolf in sheep's clothing»*, pouvant être traduite par *«un loup déguisé en agneau»*. Les fleurs présentes dans les illustrations ont elles aussi été choisies pour leur symbolique : des juliennes des dames blanches pour la Patience ; des asphodèles pour le Regret (référence au Champ d'Asphodèles qui est un lieu du royaume des morts dans la mythologie grecque) ; des lycoris blancs pour la Tristesse… Les animaux, eux aussi, sont porteurs de sens. C'est le cas pour l'Angoisse avec le corbeau qui est associé à la connaissance, porteurs de messages selon la mythologie nordique ; le chat pour le Désespoir est représenté trois fois : le premier représente le passé, celui du milieu le présent et le troisième, le futur. Il symbolise la notion de mystère et d'inconnu, la patience, la guérison. Pour la Révolte, j'ai représenté un bélier, symbole de force et de combativité…

Bien entendu, il n'y a ici que quelques exemples ! Amusez-vous à chercher les symboliques disséminées dans ce recueil et trouvez-leur le sens qui vous parle le plus ou laissez-vous simplement porter par ce que les images vous inspirent !

Cyrielle Foucher

Je suis l'Abandon

Si j'existe en toi, il s'agira de me considérer dans toute ma complexité. Je suis un mélange d'impressions, de ressentis, d'émotions mêlées, fondées ou subjectives. Je véhicule principalement une tristesse profonde et différentes formes de peurs (peur de la solitude, du rejet, de la mort, de la séparation) pouvant aller jusqu'à la dépression.

Si j'existe en toi, merci de me prendre au sérieux et de ne pas tenter seul.e d'y remédier, car j'ai atteint le cœur de ton identité. J'ai envahi tes pensées et tes comportements, nécessitant un travail de déconditionnement.

Si j'existe en toi, c'est que certains évènements ou agissements des autres t'envoient des messages de vulnérabilité qui affectent ton être. Je suis capable de m'adapter à la personnalité de chacun en allant jusqu'à travestir une réalité ou ne retenir que ce qui va venir alimenter ma puissance, c'est-à-dire ton insécurité. C'est ainsi que je gagne en force et provoque une incapacité à créer des liens durables et empreints de confiance.

Si j'existe en toi, découvre à quel moment je suis arrivé. Plus je m'installe tôt, plus j'amplifie le sentiment d'insécurité intérieure en étouffant ta propre valeur. Je peux ainsi agir sur tes comportements et attitudes en devenir en t'amenant à éviter de créer des liens, à reproduire l'abandon ou la rupture et en te rendant affectivement dépendant.e.

Pour nourrir ton besoin en souffrance, c'est-à-dire être aimé.e et considéré.e, apprends à reconnaître ta vulnérabilité et mesures-en son intensité. À partir de là, apprends à te considérer au regard de tes expériences réussies, aussi petites soient-elles. Aide-toi du temps et de la patience, qui sont deux alliés indispensables.

Pour alimenter ton besoin de reconnaissance, apprends à prendre le risque de déplaire, de ne pas être aimé.e de tous, et admets ta dépendance affective. Évalue régulièrement tes progrès au regard de ta propre valeur. C'est à ces conditions que tu pourras faire grandir ton estime de toi et mettre la juste distance entre toi et les autres.

Pour retrouver le sentiment de sécurité intérieure, identifie tes limites, ta fragilité, tes désirs que tu portes sur les autres pour en dégager les besoins à satisfaire. Apprends à modifier tes propres réactions d'autodéfense, nuisibles à la relation avec autrui. Souviens-toi : il est difficile de faire l'économie de la souffrance dans l'interaction à l'autre, il est parfois nécessaire de dévoiler ses failles et sa vulnérabilité. Tu avanceras ainsi dans ta relation aux autres et dans l'affirmation de soi.

Pour grandir dans ta relation aux autres, commence par visiter ton mode de fonctionnement, tes pensées et tes comportements. Sache qu'il est souvent difficile de le réaliser seul.e tant ta perception de la réalité décuple le sentiment d'abandon en occultant les éléments qui pourraient l'amoindrir.

En somme, je suis là pour t'informer que tu as besoin d'aide pour apprendre à revisiter tout ton être — sa construction, son fonctionnement et ses agissements — pour restaurer une nouvelle structure fondée sur la valeur et l'estime de soi.

Le préjugé est enfant de l'ignorance.

William Hazlitt
(1778 – 1830)
Écrivain irlando-britannique

Je suis l'Agacement

Si j'existe en toi, c'est pour te signaler qu'un dialogue interne est en train d'opérer.
Si j'existe en toi, c'est que j'ai su séquestrer tes pensées, tes mots et même tes actes.

Si j'existe en toi, considère-moi comme un dispositif naturel
et légitime à ton évolution.

Si j'existe en toi, c'est pour te permettre de faire face aux injustices que
tu peux percevoir du monde extérieur ou d'accepter ton impuissance
face à certaines d'entre elles.

Pour empêcher mon envahissement, identifie la contrariété ou le dérangement à mon origine et exprime-les. Tu éviteras ainsi une détérioration de tes qualités personnelles et émotionnelles.

Pour déjouer mon colimaçon d'impressions néfastes et d'idées grises, perçois-moi comme utile à la compréhension de ce qui te gêne.

Pour t'aider à retrouver un certain équilibre, saisis-moi comme une occasion de mieux te comprendre et t'accepter.

Pour laisser place aux actions à envisager, admets le dérangement vécu et libère tes pensées par des mots.

En somme, admettre son agacement est une chance d'identifier des qualités personnelles et d'agir en fonction d'elles.

Le recul permet toujours de mieux apprécier les choses, et de redonner à certains évènements la place qu'ils méritent.

Samuel Blumenfeld
(1963 –)
Écrivain français

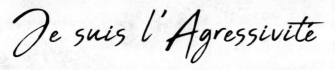

Je suis l'Agressivité

Si j'existe en toi, c'est pour te signifier que tu souhaites te diriger vers un ailleurs tout en te barrant la route par tes croyances ou tes principes. L'autre devient le réceptacle de cette puissante lutte intérieure.

Si j'existe en toi, c'est que je suis devenue un comportement dont l'origine est à chercher dans la non-satisfaction de certains de tes besoins. Je suis une attitude et non une émotion.

Si j'existe en toi, apprécie-moi comme une composante de ta personnalité, où l'affirmation de soi est en première ligne et ta capacité à t'adapter, l'énergie qui en découle. Mon rôle premier est essentiel dans l'atteinte de tes objectifs à la condition que je sois contenue et mesurée.

Si j'existe en toi, regarde ce qui m'influence (société, travail, famille, etc.) et évalue la façon dont je suis acceptée et exprimée.

Pour utiliser mon essence (c'est-à-dire mon énergie), apprends à être en contact avec les émotions qui arrivent à l'improviste et vis-les entièrement. Elles sont un indicateur de tes besoins insatisfaits.

Pour éviter mon évolution, abstiens-toi de considérer les autres comme des obstacles à ta satisfaction. Examine toutes les autres pistes te permettant de satisfaire les besoins en cause.

Pour te satisfaire en dehors des autres, apprends à visiter tes principes et corrige-les progressivement.

En somme, je suis au service de tes besoins sachant que tous ne sont pas forcément à satisfaire.

Il vient une heure où protester ne suffit plus : après la philosophie, il faut l'action.

Victor Hugo
(1802 – 1885)
Poète et romancier français

Je suis l'Amertume

Si j'existe en toi, c'est que tu ressens une injustice profonde.

Si j'existe en toi, c'est que je suis une association de colère, de tristesse et de déception.

Si j'existe en toi, c'est que tu sembles résigné.e à laisser cohabiter des émotions qui n'ont jamais pris le temps d'être traversées.

Si j'existe en toi, c'est justement pour te signaler que des émotions sont bloquées et qu'elles t'empêchent d'avancer.

Pour me déloger, visite la cause de ton inaction.
Est-ce que tu n'as pas agi car l'interlocuteur.ice était méprisant.e ou borné.e ?
Est-ce que tu n'as pas agi car cela te semblait trop éprouvant de faire ou de dire ?
Est-ce que tu n'as pas agi car tu étais face à quelque chose d'inflexible ?

Pour te respecter, accède à tes émotions pour écouter ce qu'elles ont à te dire.
Il te suffira ensuite de digérer cela afin d'agir en accord avec toi.

Pour éviter ma gêne, apprends à exprimer ce qui doit être dit (à l'oral ou à l'écrit).
Sinon, je risque de développer des pensées catastrophiques et
faire de toi une personne pessimiste.

Pour écarter la rancune, assure-toi d'éprouver toutes les émotions,
même celles qui sont cachées.

Pour me faire disparaître, il te faudra composer avec le temps et
la patience, afin d'évacuer progressivement l'ensemble de ce qui me compose.

En somme, veille à exprimer ce qui ne te semble pas mérité,
cela t'évitera la formation de l'amertume.

L'action est le moteur de tout, puisque le simple fait de faire les choses les rend possibles.

Claude Lelouch
(1937 –)
Réalisateur français

Je suis l'Amour

J'existe en toi depuis la nuit des temps, depuis le commencement du Verbe. Je suis l'amour avec un grand A, je suis le masculin du féminin, je suis le féminin du masculin. J'existe en toi d'une façon illimitée et surtout sous aucune condition. Je suis universel, intemporel. Je suis puissant au-delà de l'espace et du temps.

Si j'existe en toi dans la souffrance et les pleurs, c'est que je me dévoile dans une autre puissance faite de négligence et d'indifférence.

Si j'existe en toi dans la peur et le jugement, c'est pour t'informer que tu me fais vivre sous condition contraire à tes besoins.

Si les autres conditionnent ton amour, alors demande-toi quelle raison justifie l'emprisonnement de cet amour. Rappelle-toi, j'existe en toi en toute liberté et personne ne peut m'enfermer.

Pour me ressentir sans dépendance affective, je t'invite à aimer ce que tu es, avec bienveillance et indulgence. Accepte l'idée que tu es issu.e de ton enfance et de ses circonstances.

Pour croire en ma puissance, relève le défi de maintenir un regard et un esprit d'ouverture sur le monde, car je ne crains pas les conflits et les désaccords.

Pour me propager, autorise-toi à nourrir l'amitié, la sympathie, la tolérance vis-à-vis des autres et de toi-même.

Pour me ressentir avec légèreté et douceur, je t'invite à aimer la différence, et à t'enrichir de celle-ci.

En somme, autorise-toi à discerner le champ des possibles au lieu de te limiter à ce que tu crois.

Être heureux est un devoir car cela permet de montrer aux autres que c'est possible.

Albert Jacquard
(1925 – 2013)
Essayiste français

Je suis l'Angoisse

Si j'existe en toi, c'est qu'il y a bien trop longtemps que tu n'écoutes plus tes émotions et c'est la raison pour laquelle tu ne me comprends pas.

À l'instar du stress, je me nourris de peurs. Mais la grande différence entre lui et moi, c'est que je m'amuse à les exagérer, à les imaginer, et je les fais s'immiscer dans tes pensées, dans ton quotidien. M'associant à d'autres émotions, je viens créer du flou, des contradictions et donc de l'incompréhensible.

Si j'existe en toi, c'est que je t'ai adressé différents signaux que tu as repoussés, négligeant ainsi ce qui est important pour toi.

Si j'existe en toi, c'est que j'ai eu le temps d'accumuler toutes ces choses que tu repoussais et aujourd'hui je suis grande, tellement grande que tu ne peux plus me voir en face.

Si j'existe en toi, c'est que j'ai gagné une place de choix dans ta vie et je m'interroge sur le moment où enfin tu daigneras me reconnaître comme ta montagne de souffrance.

Si je surgis n'importe où, demande-toi quel discours tu me portes, car il est le reflet de ton rejet de toi.

Pour me comprendre, fais-toi aider pour mieux te comprendre.
Seul.e, tu n'y arriveras pas, je suis bien trop puissante maintenant.
Accepte l'idée que tu as franchi une étape dans cette descente
aux enfers et que tu as grand besoin d'aide. Car je suis
issue de l'intelligence du cœur et toi, tu ne vois
que par l'intelligence de tes principes.

Pour m'accepter — oui, j'ai bien dit m'accepter —,
je t'invite à ne pas me rencontrer, mais à
rendre visite à la souffrance de tes peurs.
Car je n'existe pas, je suis un ensemble
d'émotions, de pensées réflexes.

Pour me décrypter, je te conseille du temps
et de la patience. Visite toutes ces parties de toi
qui ont été abandonnées pendant tant d'années.

Pour m'apaiser, ose exprimer tes émotions du moment et
apprends à affronter tes peurs.

En somme, autorise-toi à te demander
ce que tu repousses afin d'apprendre
à mieux te comprendre.

*J'essaie toujours de faire ce que je ne sais pas
faire, c'est ainsi que j'espère apprendre à le faire.*

Pablo Picasso
(1881 – 1973)
Peintre espagnol

Je suis l'Anxiété

Si j'existe en toi,
c'est pour t'indiquer
un degré trop élevé dans
ton rapport à tes expériences.
Il peut s'agir de ton rapport à
la mort et à ta finitude, à la solitude,
à la liberté, à la corporéité.

Si j'existe en toi, c'est pour dénoncer une atteinte
à ton identité où la culpabilité est reine et l'affirmation
de soi réduite à une expression insignifiante de ta personne.

Si j'existe en toi de manière exagérée, c'est pour marquer
un non-sens dans la conduite de ta vie et notamment
la façon dont tu te penses.

Si j'existe en toi, c'est pour te dévoiler
ce que tu repousses. Je cache ce qui demande à être résolu.

Pour me considérer comme légitime,
envisage chaque expérience émotionnelle vécue comme
étant autant d'étapes à franchir vers la réalisation de soi.

Pour me relativiser, négocie entre ton cœur et ta raison
pour trouver le juste milieu dans ta façon de te percevoir.

Pour devenir ce que tu souhaites, remets de l'ordre
dans tes pensées en agissant pour ton bien. Tu ne pourras
le faire qu'en étant aidé.e tant j'ai pris une place considérable
dans ton existence. Sache que j'ai la faculté de distordre la réalité.

Pour t'affirmer, considère-moi comme un professeur de vie
qui t'apprend à t'évaluer chaque jour comme un être ordinaire.
Accepte l'imperfection et l'erreur, deux gages d'apprentissage.

En somme, pour apprendre à être, le facteur temps est le premier
ingrédient à l'émergence d'un soi. Le second est la répétition
de ce qui n'est pas acquis.

Vouloir être lui-même, malgré l'anxiété de l'être : voilà la vraie vocation de tout être humain !

Sören Kierkegaard
(1813 – 1855)
Philosophe danois

Je suis l'Attendrissement

Si j'existe en toi, c'est pour te montrer qu'un évènement vient toucher un besoin. Il s'agira de savoir si ce besoin est satisfait ou pas.

Si j'existe en toi, c'est que je manifeste une tendresse très particulière où les pleurs peuvent s'inviter de façon inopinée. Je peux demeurer dans cette tendresse ou me transformer en tristesse.

Si j'existe en toi dans la tendresse, c'est que tu as su laisser ton cœur vivre l'évènement et que ta sensibilité assume cela. Ainsi, moi, l'attendrissement, je suis venu remplir un besoin d'amour, un besoin de reconnaissance ou un besoin de valorisation.

Si j'existe en toi dans la tristesse, c'est que ta raison a barré la route à l'intelligence émotionnelle pour te proposer une autre voie. Elle te conduira à nier le besoin à satisfaire avec dureté et indifférence qui s'en trouve donc troublé et inassouvi. Cela peut même générer un bouleversement incontrôlé allant jusqu'à ressentir une véritable peine.

Pour me reconnaître avec simplicité, vis l'évènement
avec le cœur sans te préoccuper de ce qui t'entoure.

Pour révéler le besoin sous-jacent, va jusqu'au bout
de mon développement où ma métamorphose te dévoilera
le besoin à satisfaire.

Pour mieux me considérer, perçois-moi comme un signe
que ce que tu vis est essentiel dans l'apprentissage de tes propres besoins.
En effet, je suis là pour éclairer un besoin nécessitant une attention particulière.

Pour mieux agir, ressens-moi dans ma globalité sans retenue ni jugement.

En somme, laisse-moi m'exprimer dans toutes mes dimensions pour
te permettre de me donner du sens.

*Ce qui est important,
ce n'est pas ce que l'on a fait
de moi, c'est ce que je fais de ce que l'on
a fait de moi.*

Jean-Paul Sartre
(1905 – 1980)
Philosophe et écrivain français

Je suis Blasé.e

Si j'existe en toi, c'est que tu es rempli.e d'une chose dont tu as peut-être trop abusé ou pour laquelle une indifférence intérieure t'a mené.e jusqu'à moi.

Si j'existe en toi, c'est qu'il est grand temps de commencer à nettoyer différentes représentations que tu peux avoir de ladite chose et de toi en général.

Si j'existe en toi, c'est pour t'avertir qu'il ne suffit pas de me ressentir pour me dissiper. Tant que tu ne me rapprocheras pas des représentations en question, je t'envahirai.

Si j'existe en toi, c'est pour mieux t'aider à te cerner dans tes choix et tes besoins.

Pour m'écarter de ton chemin, identifie ce pour quoi je suis présente en toi.

Pour me balayer, visite toutes les représentations qui sont à l'origine de mon existence.
La difficulté résidera dans le non-sens ou l'ignorance de ces représentations.

Pour retrouver une certaine vitalité, une sincérité envers toi-même sera
la première étape pour mieux te comprendre et modifier ta façon de te penser.

Pour nourrir ton existence, une reconnaissance de tes besoins réels
permettra de te reconnecter à ton vrai toi.

En somme, certains évènements sont là pour
t'indiquer qu'il est peut-être temps
de changer de chemin.

*Là où il n'y a pas de vision, les
gens périssent.*

Proverbes 29-18.
La Bible

Je me sens Blessé.e
Je suis Blessé.e

Si j'existe en toi, c'est
que tu es profondément
affecté.e par une situation.

Si j'existe en toi, c'est
en référence à une
représentation imagée et non
à un sentiment en soi. Je
m'associe à la souffrance afin
de t'aider à faire face à ce que
tu vis.

Si j'existe en toi, c'est pour te
signaler une vulnérabilité non
résolue. Je peux être présente depuis
très longtemps et je ne demande qu'à
être considérée comme réelle.

Si j'existe en toi, c'est pour t'informer
d'une fragilité identitaire dont tu as négligé
(par dépit ou ignorance) l'importance.

Si tu me laisses prendre le dessus, tu auras tendance à
te replier, t'éloigner ou t'isoler. Je peux ainsi provoquer
chez toi de la bouderie dans le meilleur des cas, de la
dépression dans mon autre extrême.

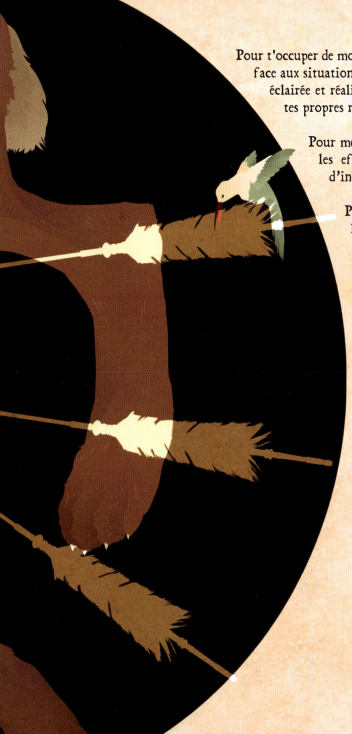

Pour t'occuper de moi, examine minutieusement tes émotions et tes réactions face aux situations qui te font te sentir blessé.e. Une analyse, distanciée, éclairée et réalisée avec un tiers, te permettra de comprendre comment tes propres réactions ont pu concourir à l'érosion de l'estime de soi.

Pour me soigner, prends le risque d'être vulnérable en exprimant les effets de tes émotions, les croyances d'imposture ou d'incompétence qui peuvent y être associées.

Pour restaurer une identité forte, le temps et l'expérimentation seront d'un grand secours pour venir à bout des blessures identitaires ou d'amour-propre. Selon le cas, la cicatrisation sera proportionnelle à la profondeur de la blessure. Cela dépend beaucoup de la répétition de la situation, de ton âge et du lien de dépendance que tu peux avoir avec les personnes en cause.

En somme, je suis une représentation erronée de toi qui s'exprime dans ton corps et qui ne demande qu'à être analysée afin d'être corrigée.

La pleine conscience signifie porter son attention d'une certaine manière : délibérément, au moment présent, sans jugement de valeur.

Jon Kabat-Zinn
(1944 –)
Contributeur à la connaissance du mindfulness meditation

Je suis la Colère

Si j'existe en toi, c'est que tu camoufles un désir non comblé, une attente sans réponse, un besoin non satisfait.

Si j'existe en toi, c'est pour t'informer d'un obstacle, d'un frein ou d'un blocage.

Si j'existe en toi, c'est bien que tu as négligé une préoccupation qui a de l'importance pour toi.

Si j'existe en toi, c'est pour te signaler qu'il est temps d'écouter ce déséquilibre pour y remédier.

Si je m'exprime avant toi, demande-toi quel est l'obstacle qui se dresse devant toi. Quel type d'insatisfaction ressens-tu ? (impuissance, injustice, frustration…) ?

Pour me libérer, mesure mon intensité et ma nature.
Accepte l'idée que la vie est parfois injuste et imprévisible.
Car je suis comme elle, imprévisible et non objective !

Pour me transformer, reconsidère les règles qui régissent ton univers.
Car je me nourris de ce qui ne te satisfait pas en lien avec ces règles.

Pour me considérer, me respecter, autorise-toi à revisiter tes exigences
vis-à-vis des autres et de toi-même.

Pour ressentir mon calme, écoute tes besoins et apprends à les satisfaire.

En somme, autorise-toi à ne plus répondre à des normes, mais bien à satisfaire tes besoins.

Je n'ai qu'une prétention, c'est de ne pas plaire à tout le monde, car plaire à tout le monde, c'est plaire à n'importe qui.

Sacha Guitry
(1885 – 1957)
Réalisateur français

Je suis la Consternation

Si j'existe en toi, c'est une manière de t'informer que tu es en face de quelque chose dont tu as du mal à croire, tant la surprise est associée à l'accablement.

Si j'existe en toi, c'est une expression de ton être dans une forme d'abattement qui fait suite à une épreuve pénible.

Si j'existe en toi, c'est que je charrie avec moi différentes émotions : la colère, le dégoût, la surprise, la tristesse, le sentiment de perte ou de deuil. Je suis un état d'abattement aussi physique que moral où peuvent également se mêler le désespoir, la douleur, la fureur, la stupeur et même la terreur.

Pour me comprendre, accepte dans un premier temps l'immobilisme comme une forme de protection qui t'empêche de réagir.

C'est un état normal dans mon processus de vie. Une fois passée cette étape, recueille toutes les émotions qui t'ont plongé.e dans cet état de consternation en lien avec l'évènement.

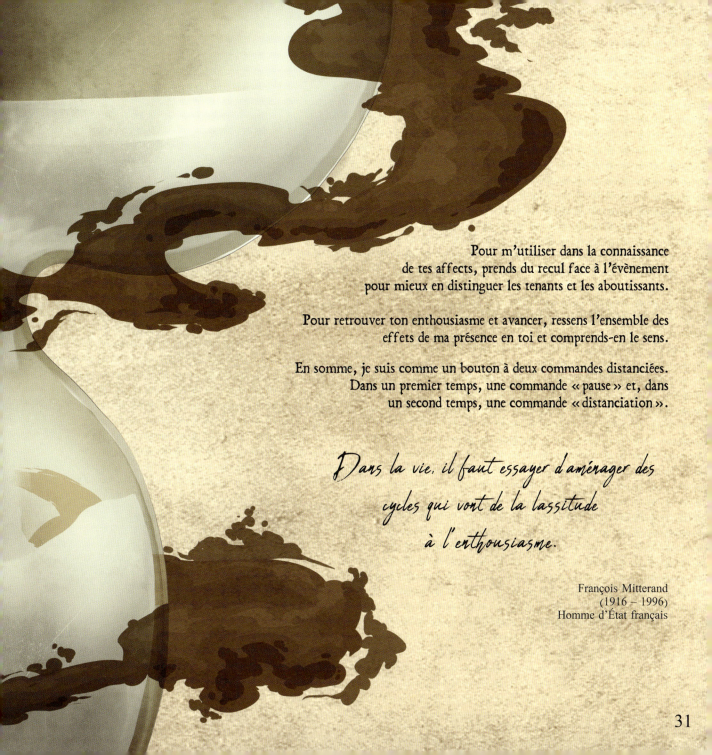

Pour m'utiliser dans la connaissance
de tes affects, prends du recul face à l'évènement
pour mieux en distinguer les tenants et les aboutissants.

Pour retrouver ton enthousiasme et avancer, ressens l'ensemble des
effets de ma présence en toi et comprends-en le sens.

En somme, je suis comme un bouton à deux commandes distanciées.
Dans un premier temps, une commande « pause » et, dans
un second temps, une commande « distanciation ».

Dans la vie, il faut essayer d'aménager des cycles qui vont de la lassitude à l'enthousiasme.

François Mitterand
(1916 – 1996)
Homme d'État français

Je suis la Culpabilité

Si j'existe en toi, c'est que tu refuses de reconnaître tes désirs ou tes choix, tes actes ou tes paroles, tes pensées ou tes fantasmes.

Si j'existe en toi, c'est pour t'avertir que tu vis une expérience où un cocktail d'émotions est en fusion.

Si j'existe en toi, c'est bien pour te prévenir que tu agis contre tes principes, tes règles et tes valeurs.

Si j'existe en toi, c'est, dans certains cas, pour atténuer la réaction de l'autre. Je me cache ainsi derrière la peur de blesser, la peur de décevoir l'autre.

Si ma présence persiste, demande-toi quel est le déséquilibre intérieur qui est en action. Recherche le sens de cette opposition (représentation idéale/ représentation réelle).

Pour me comprendre, explore les émotions désagréables, le désaccord qui s'opère en toi. Accepte l'idée d'avoir blessé injustement quelqu'un. Accepte l'idée d'avoir dérogé à tes valeurs pour répondre à un désir ou un choix personnel. Accepter l'idée d'avoir été en désaccord avec ses principes ne remet pas tout en question. Apprendre à écouter les émotions désagréables permet de mieux les identifier. Je suis la culpabilité et je me nourris du flou que j'entretiens dans ce cocktail d'émotions qui t'habite.

Pour me cerner, vis les désagréments de tes choix, ressens la peine et le regret de tes paroles ou de tes actes. Car je me nourris du rejet des conséquences de tes agissements.

Pour me situer dans le panel des sentiments que je véhicule, laisse libre cours à la peine, au chagrin, au regret, à la colère contre toi-même et accepte-toi tel.le que tu es.

Pour me transformer en affirmation de soi, comprends les émotions ressenties, assume tes choix et exprime tes regrets.

En somme, prends la responsabilité de ce que tu vis et autorise-toi à exprimer ce que tu ressens.

Les maux qui dévorent les hommes sont le fruit de leurs choix ; et ces malheureux cherchent loin d'eux les biens dont ils portent la source.

Pythagore
(vers 570 av. J.-C. – vers 480 av. J.-C.)
Philosophe et mathématicien grec

Je suis la Déception

Si j'existe en toi, c'est pour t'indiquer une insatisfaction dont tu sembles oublier la cause.

Si j'existe en toi, c'est pour t'informer que tu viens de franchir une étape qui fait partie d'un processus émotionnel plus vaste.

Si j'existe en toi, c'est que j'ai su me faire accompagner par la colère, le découragement, la tristesse et parfois même la jalousie, qui viennent me soutenir afin de me faire entendre auprès de toi.

Si j'existe en toi, c'est pour transformer tes attentes insaisissables en besoins réels.

Pour m'écouter, consens à la poursuite de ce processus, évalue mon impact sur la satisfaction de tes besoins.

Pour éviter un flou dans l'identification de tes besoins, une mesure entre tes attentes et la réalité t'apportera une aide précieuse dans la compréhension de toi et de tes attentes déçues.

Pour me considérer comme une alliée, décrypte tes désirs, leur représentation dans ta vie au quotidien, pour ainsi débuter un changement de fonctionnement.

Pour me transformer en action, base-toi sur ta capacité à répondre à tes besoins sans attendre systématiquement que les autres le fassent.

En somme, apprends à me ressentir totalement pour en dégager les besoins non satisfaits.

La seule révolution possible, c'est d'essayer de s'améliorer soi-même, en espérant que les autres feront la même démarche. Le monde ira mieux alors.

Georges Brassens
(1921 – 1981)
Auteur — compositeur – interprète français

Je suis le Découragement

Si j'existe en toi, c'est que tu mésestimes tes capacités et ignores le pouvoir de tes pensées sur tes actions à venir.

Si j'existe en toi, c'est que ton mental te suggère de gravir une montagne alors qu'il ne s'agit que d'un monticule : il déforme ton système d'évaluation d'une situation donnée.

Si j'existe en toi, c'est bien que tu te laisses influencer par les difficultés plutôt que par le projet qui t'anime.

Si j'existe en toi, c'est pour visiter tes pensées réflexes et reconnaître leur subjectivité avant tout. Je suis là également pour te signaler qu'il est possible de modifier des attitudes et comportements en agissant sur les pensées installées.

Pour exister pleinement, je peux m'associer à mes amies que sont la tristesse, la déception, la lassitude et l'amertume.

Pour me diminuer, expérimente en t'aidant d'alliées de poids que sont la persévérance et l'insistance. Je t'adresserai des « impossibilités » et des tas d'« incapacités » afin de barrer le chemin de ta réussite.

Pour me terrasser, recueille le moindre succès — aussi petit soit-il — pour alimenter la confiance en toi. Évalue tes efforts en fonction d'éléments concrets et indiscutables. Ne te laisse pas berner par ton système d'évaluation actuel.

Pour accéder à de nouvelles pensées et construire un nouveau mode de fonctionnement, envisage le champ des possibilités qui s'offre à toi.

Pour ressentir une autre énergie, garde l'espoir d'une réussite et entête-toi !

En somme, applique-toi à avoir des objectifs clairs, précis, réalistes et atteignables dans la durée.

Qui suis-je, moi, pour être brillant, radieux, talentueux et merveilleux ? Effectivement, qui seriez-vous pour ne pas l'être ?

Marianne Williamson
(1952 –)
Écrivaine américaine

Je suis le Dégoût

Si j'existe en toi, c'est pour t'avertir d'un dysfonctionnement entre la perception de ton environnement et ton mode de pensée. Je peux, selon le cas, signifier différentes choses.

Si j'existe en toi, je peux — par exemple — te permettre d'aller identifier les pensées prégnantes en lien avec des besoins non satisfaits.

Si j'existe en toi, je peux — dans certains cas — t'éviter d'affronter ce qui te fait peur en t'affligeant de reproches sur ton attitude ou ton comportement irraisonné.

Si j'existe en toi, je peux aussi me munir d'émotions telles que la colère ou la peur pour accentuer la répulsion que tu peux avoir de toi ou d'autre chose.

Pour m'évacuer, réalise une introspection pour aller au-delà de ton ressenti. Car il est biaisé par ton mode de pensée.

Pour me dépasser, fais-toi aider pour prendre de la distance par rapport à ce que tu vis. Ton fonctionnement actuel est sur le mode « réflexe » qui nécessite un accompagnement pour s'en dégager.

Pour accéder à une autre réalité, entreprends un travail de connaissance de soi pour déconstruire l'évènement afin d'établir un nouveau système de pensée.

Pour éviter démotivation, lassitude et autres ressentis dont je m'entoure, revisite tes valeurs et tes principes de vie.

En somme, apprends à modifier ton rapport aux évènements en changeant tes principes désuets.

Si tu veux comprendre un phénomène, essaye de le changer.

Urie Bronfenbrenner
(1917 – 2005)
Psychologue américain

Je suis le Désarroi

Si j'existe en toi, c'est que tu vis un désordre en toi et autour de toi provoquant confusion et trouble.

Si j'existe en toi, c'est pour t'avertir d'une non-maîtrise d'un évènement, qui déséquilibre tes certitudes et tes convictions, provoquant ainsi déroute, égarement allant jusqu'au trouble moral.

Si j'existe en toi, c'est pour t'informer qu'il est temps de questionner tes croyances. Chose que tu n'as jamais faite jusqu'à présent.

Si j'existe en toi, c'est que tu as atteint les limites des modèles de compréhension que tu avais à ta disposition jusqu'à ce jour.

Pour me comprendre, arrête-toi sur l'évènement en cause afin d'appréhender la subjectivité des notions, certitudes ou convictions que je soulève.

Pour valider les sentiments qui sont joints, fais la part des choses, entre ce qui relève de ta responsabilité et ce qui n'en relève pas.

Pour éviter la détresse morale, distingue ton impuissance réelle de celle supposée.

Pour laisser place à un nouvel équilibre, revois tes cadres de référence afin de corriger ta perception personnelle et t'amener à une meilleure compréhension de la situation.

En somme, souviens-toi que chaque évènement, chaque situation est l'occasion d'une découverte de soi.

Une difficulté n'en est plus une, à partir du moment où vous en souriez, où vous l'affrontez.

Robert Baden-Powell
(1857 – 1941)
Militaire britannique et fondateur du scoutisme

Je suis le Désespoir

Si j'existe en toi, c'est que tu nies les possibilités d'obtenir ce que tu souhaites et que tu penses qu'il est impossible de vivre ce que tu as déjà connu.

Si j'existe en toi, c'est que tu abrites ces convictions — bien qu'irréelles — en te remplissant d'une charge émotionnelle découlant d'une perte, d'une séparation, d'un abandon...

Si j'existe en toi, c'est pour t'informer de tes limites et du non-pouvoir que tu as sur certains évènements de ta vie.

Si j'existe en toi, c'est que je suis un parallèle entre ton passé et ton avenir où l'important — l'essentiel — était la structure même de ton existence et je laisse place à un vide qui te semble impossible à combler.

Si j'existe en toi, c'est que le sentiment premier est la souffrance inextricable accompagnée d'une tristesse indéchiffrable, où la raison ne te permet pas d'admettre que tu es un être faillible dans certaines circonstances de la vie.

Pour me gouverner, écoute la dissonance entre ton cœur et ta raison. Je suis là pour t'éprouver dans tes limites, t'informer de l'injustice de la vie, et te faire accéder à ton impuissance en passant parfois par une culpabilité vis-à-vis de ce que tu ressens.

Pour me traverser, reste en contact avec ce que tu ressens afin de sortir du tunnel des émotions dans lequel tu évolues. Prends conscience que tu vivais jusqu'ici ta présence à toi dans la présence de l'autre.

Pour me dissiper, exprime tes émotions et reconnais-les comme sincères et authentiques. C'est à ce prix-là que je te permettrai d'accéder à une nouvelle vision de toi. Si tu te refuses à cela, j'en viendrai à me nourrir de ton obstination, de ta révolte et de ton chagrin pour les retourner contre toi en t'affligeant d'idées noires et en te poussant à te considérer comme non indispensable. S'il te plaît, ne me pousse pas à aller jusque-là et recherche un appui, une aide extérieure. C'est vital.

En somme, consacre-toi à visiter la puissance de tes émotions afin de mieux te considérer !

*La vie, qui crée le désespoir,
est plus forte que le désespoir.*

Alain Grandbois
(1900 – 1975)
Poète québécois

Je suis l'Énervement

Si j'existe en toi, c'est que tu t'empêches de respirer. Et c'est ainsi que privé.e d'air, d'énergie donc, tu t'affaiblis, tu te prives de « nerfs ».

Si j'existe en toi, c'est une façon de t'informer que tu te fatigues jusqu'à l'excès. Quand est-ce que tu vas enfin te mettre sur pause pour écouter ce que j'ai à te dire ?

Si tu ne le fais pas, je peux sans aucun motif concret me répéter très souvent en allant jusqu'à manifester un symptôme physique. Est-ce vraiment ce que tu veux ?

Si j'existe en toi, c'est que je suis une réaction émotionnelle normale face à un évènement qui te contrarie. Considère-moi comme un état proche de la colère. Et je peux m'associer à des sensations telles que l'agitation, l'exaspération et l'irritabilité pour mieux me faire entendre. Je surviens après un agacement, compris ou pas. Je suis un peu son prolongement. Nous sommes proches. L'agacement est un désagrément vis-à-vis de quelqu'un ou de quelque chose qui entraîne du stress, une perte de patience et qui progressivement se transforme en énervement.

Pour me traverser, laisse libre cours à toutes les sensations corporelles qui m'alimentent. J'ai besoin d'être touché du doigt dans le cœur émotionnel, sans jugement moral.

Pour me comprendre, relie ton cœur (les émotions) et ton corps (les sensations) afin d'accéder à la signification de ma présence (la raison).

En somme, c'est en ressentant l'expression de ton corps que tu accéderas aux émotions qui me font vivre et que tu pourras comprendre le sens de mon existence.

On ne peut voir la lumière sans l'ombre, on ne peut percevoir le silence sans le bruit, on ne peut atteindre la sagesse sans la folie.

Carl Gustav Jung
(1875 – 1961)
Psychiatre suisse

Je suis l'Ennui

Si j'existe en toi, c'est pour te signifier que tu trouves les choses peu captivantes.

Si j'existe en toi, c'est une façon détournée d'attirer ton attention vers ton intériorité, ton rapport à ton environnement et ce que tu en fais (ou pas).

Si j'existe en toi, c'est pour t'apporter la preuve d'un manque d'intérêt pour ce que tu fais à l'instant où tu le fais.

Si j'existe en toi, c'est également pour mobiliser des ressources à la quête d'un besoin, d'un bénéfice du moment vécu.

Pour me comprendre au-delà de ce ressenti, sonde tout ce que tu vis à cet instant précis.

Pour apprendre de moi, recherche les plaisirs dans ce que tu aimes réaliser, et ce dans les moindres petits riens de ton quotidien.

Pour m'apprivoiser, revois la façon dont les besoins des autres ont pris le pas sur tes propres désirs non exprimés. Change tes priorités.

Pour explorer mon potentiel, voyage à travers ton imaginaire. Il est propice à l'émergence de nouvelles idées, de nouvelles hypothèses. Si tu me laisses prendre trop de place, tu risques de te couper de tes désirs et de tes besoins. Je pourrais même te laisser croire que ce que tu vis n'a plus de sens.

En somme, entraîne-toi à discerner ce que tu aimes et sors de ta routine.

Impose ta chance, serre ton bonheur et va vers ton risque.
À force de te regarder, ils s'habitueront.

René Char
(1907 – 1988)
Poète français

Je suis l'Envie

Si j'existe en toi, c'est pour me distinguer du rêve.
En effet, je te signale ton désir à travers un autre.

Si j'existe en toi, c'est pour te permettre de choisir entre une envie à assouvir ou l'expression d'un rêve qui n'a pas forcément vocation à être réalisé.

Si j'existe en toi, c'est juste pour te permettre de prendre conscience de l'émergence d'un simple vœu. Tu auras tout le loisir de le savourer sans aucune obligation ni frustration.

Si j'existe en toi, c'est que l'autre te renvoie à l'existence de quelque chose d'important pour toi, sans souffrance ni gêne.

Pour me combler, formule-moi dans la sérénité, sans comparaison. Rappelle-toi que tu es libre de me réaliser ou non.

Pour me matérialiser, c'est avec plaisir que je te donnerai ce coup de pouce souvent bien utile à la concrétisation de ton désir.

Pour me savourer, reste en contact avec ton désir et apprécie-le.

En somme, je suis une possibilité de réalisation de toi, dont le choix t'appartient.

Ce que l'on ne veut pas savoir de soi-même finit par arriver de l'exterieur sous forme de destin.

Carl Gustav Jung
(1975 – 1961)
Psychiatre suisse

Je suis l'Estime de soi

J'existe en toi sans que tu saches vraiment me mesurer. Je suis souvent confondue avec la confiance.

J'existe et je vis en toi à travers l'amour que tu te portes, l'image que tu as de toi et l'affirmation dans ce que tu fais.

Cette affirmation est constituée de la confiance que tu t'accordes et de la confiance que tu as dans ton environnement et vis-à-vis des autres également.

J'existe en toi et je participe à ton équilibre. Je suis indispensable à ton éveil. Je me suis constituée dans un premier temps à travers l'estime des autres.

Pour connaître mon état, interroge ta relation aux autres.
Quelle a été ton éducation ? Quelles sont les valeurs qui t'ont été transmises ?
Quel discours les adultes te portaient-ils (parents, famille, professeurs…) ?
Dans quel domaine ?

Pour savoir quelle partie est à restaurer, souviens-toi des principes et croyances retenus. Fais le lien avec ta culture et la société dans laquelle tu vis. Vérifie si tes agissements sont conformes à ces croyances et principes acquis. Sont-ils conformes à ce que tu souhaites ? À tes propres besoins ? Ou répondent-ils à des injonctions inconscientes ?

Pour m'évaluer, repère les pensées réflexes qui se sont construites tout au long de ton parcours.

Pour restaurer ta valeur personnelle — autre nom que l'on me donne —, fais-toi aider. Je suis complexe car je touche à tes acquisitions, c'est-à-dire ce que tu as appris de toi à travers les croyances et les principes des autres. Tu ne peux déconstruire cela qu'à un âge où la maturité est présente. Évalue ton niveau d'acceptation de toi en matière d'amour, d'image et d'affirmation. Une distanciation avec un tiers est indispensable pour décortiquer ce qu'il y a à conserver, à modifier et à améliorer.

Pour faire de moi un pilier, assume tes choix, tes actions, tes besoins et tes désirs.

Pour m'entretenir, évalue tes aspirations. Relève des défis. Entretiens l'amour que tu te portes. Sois fidèle à tes valeurs, après avoir fait le tri entre celles transmises et celles acquises, et t'être assuré.e de leur juste hauteur.

En somme, je me construis tout au long de ta vie. Tu peux agir sur moi lorsque tu as suffisamment de maturité pour interroger ce que tu as vécu et modifier ton regard sur toi.

Nul ne peut être heureux s'il ne jouit de sa propre estime.

Jean-Jacques Rousseau
(1712 – 1778)
Écrivain et philosophe de langue française

Je suis l'Euphorie

Si j'existe en toi, c'est pour te signaler
une fusion entre ton système de pensée et tes affects.

Si j'existe en toi, c'est pour me distinguer des autres formes
d'allégresse et d'exaltation qui peuvent exister au travers de ce que tu vis.

Si j'existe en toi, c'est que je suis l'expression d'une subjectivité de tes actions
qui, lorsqu'elle est associée à tes pensées, conduit à produire une stimulation
d'une intensité extrême. C'est une transformation de soi temporaire, un
point de fusion atteint lorsqu'il y a un degré de satisfaction dépassé.

Si j'existe en toi, c'est que des instincts sont en résonance avec
un changement de comportement.

Si tu veux me ressentir, évite une recherche continue
de mon effet. À l'origine, je suis éphémère et vouée à ne pas me
reproduire dans des situations répétées.

Si tu veux me dupliquer, tu prends le risque d'être déçu.e par l'absence
d'intensité et de profondeur que je dégage naturellement lorsque je suis inattendue.

Si tu veux me qualifier, j'accepte les adjectifs qui me sont souvent associés tels
que l'exaltation ou l'excitation. On m'attribue également les expressions de
« joie intense » ou de « contentement extrême ».

Pour me cerner, évalue-moi objectivement — à froid — comme étant une humeur
parfois anormalement élevée et purement impulsive.

En somme, je suis la fusion de « pensées + affects ».
Je suis une étape qui produit une
expression temporaire
de soi.

L'homme est quelque chose qui doit être dépassé.

Friedrich Nietzsche
(1844 – 1900)
Philosophe allemand

53

Je suis l'Excitation

Si j'existe en toi, c'est que tu vis une accélération de ton processus mental et physique.

Si j'existe en toi, c'est que ton mental n'arrive pas à canaliser ton état émotionnel et fait ainsi émerger une explosion incontrôlable.

Si j'existe en toi, c'est pour exprimer — dans certains cas — un énervement, une agitation.

Si j'existe en toi, c'est également — dans d'autres situations — pour encourager, inciter ou inviter à faire quelque chose. Je peux être agréable et bénéfique lorsqu'il s'agit d'un état consenti et accepté. Je peux me montrer irresponsable et immorale lorsque je t'invite à la haine ou à une action contraire aux valeurs universelles.

Pour reconnaître ce que j'exprime, prête attention à ce que tu vis.

Pour savoir sur quoi cela agit, alors interroge tes sentiments, tes valeurs et tes attitudes afin d'en connaître la source.

Pour identifier le comportement à adopter, assure-toi d'être en adéquation avec la bienveillance, la justice et la tempérance.

Pour diminuer mon intensité, dans le cas d'agissements contraires aux valeurs universelles, apprends à exprimer à l'écrit ce qui vient provoquer mon irruption. C'est en effet en étalant ce qui est contenu dans ta tête que tu pourras agir plus posément.

En somme, savoir reconnaître à quoi fait référence mon existence évite une réaction néfaste en posant les bases d'une action réfléchie.

Notre affaire n'est pas de connaître toute chose, mais celles qui concernent notre conduite.

John Locke
(1632 – 1704)
Philosophe anglais

Je suis la Fierté

Si j'existe en toi, c'est que tu éprouves de l'estime vis-à-vis de toi. Je me manifeste lorsque tu ressens de la satisfaction par rapport à ce que tu as fait.

Si j'existe en toi, c'est pour t'informer que ton investissement personnel est à la hauteur de ton succès.

Si j'existe en toi, c'est bien pour maintenir l'estime de soi et accroître la valeur de ta réussite vis-à-vis des autres.

Si j'existe en toi, ne me confonds surtout pas avec l'orgueil, la vanité ou la vantardise... Laisse-moi m'exprimer pour te permettre de t'affirmer davantage.

Si ma présence te dérange, demande-toi : qu'est-ce qui n'est pas légitime dans ton succès ? Aux yeux de qui ? Qu'est-ce qui n'est pas satisfaisant ?

Pour me ressentir, car je suis un sentiment qui a sa juste place dans ta vie, exprime ton plaisir, ta joie d'avoir réussi. Dis-le à celles et ceux qui sont importants pour toi. Vis-moi pleinement, car je suis la manifestation du mérite et des objectifs atteints.

Si tu ne m'as jamais ressentie, c'est que ton exigence vis-à-vis de toi est en dysharmonie avec ta valeur ; c'est que tes objectifs sont flous et inatteignables ; c'est que les efforts consentis sont sans importance et insuffisants, selon toi.

Pour me faire exister pour de bon, je te propose de considérer tes victoires à leur juste valeur, car c'est grâce à elles que tu nourris ton estime de toi. Et c'est ainsi que je peux librement exprimer ce que je suis : la fierté.

Pour m'accorder la place qui m'est due, revisite tes pensées lorsque tu vis une réussite. Puis imagine-toi féliciter un ami vivant le même succès. Compare les deux situations et observe l'écart entre celles-ci afin de corriger la pensée réflexe te concernant.

En somme, apprends à évaluer objectivement les choses que tu as su mener à bien et la part d'investissement que cela a nécessité.

C'est notre propre lumière et non pas notre obscurité qui nous effraie le plus.

Nelson Mandela
(1918 – 2013)
Homme d'État africain

Je suis la Frustration

Si j'existe en toi, c'est que je suis une tension psychologique engendrée par un obstacle.

Si j'existe en toi, c'est une manière de t'apprendre à affronter ce que tu rencontreras tout au long de ta vie.

Si j'existe en toi, c'est que tu es face à un inattendu, que tu n'as pas mérité ou qui te prive de quelque chose qui te semblait acquis.

Si j'existe en toi, c'est pour te signaler que je suis un élément hors de ta portée. Je peux être occasionnelle ou m'installer durablement, générant une insatisfaction permanente.

Pour éviter mon installation durable, apprends à me considérer comme étant pacifiste : rien ni personne ne t'assurera que tes désirs seront réalisés ou que tes besoins seront assouvis. Dans le cas contraire, c'est avec insistance que je viendrai frapper à la porte de tes émotions pour m'imposer à toi en m'associant à de la colère, de la jalousie ou de la tristesse.

Pour me contrer, il te sera nécessaire de reprendre ta vie en main sans attendre que les autres viennent répondre à tes besoins.

Pour calmer mes ardeurs, ressens le mécontentement qui me fait vivre, et exprime éventuellement les protestations qui en découlent. Il m'arrive d'exister également au travers d'un sentiment d'injustice.

Pour éviter mon effet, utilise tes ressources pour réaliser tes souhaits.

En somme, apprends à considérer les obstacles comme des tuteurs de ton développement psychique.

Quand on vous demande si vous êtes capable de faire un travail répondez : « bien sûr, je peux ! » Puis débrouillez-vous pour y arriver.

Theodore Roosevelt
(1858 – 1919)
Homme d'État américain

Je suis la Haine

Si j'existe en toi, c'est que je me suis associée à de la colère non exprimée que tu as pu ressentir à l'égard d'une personne.

Si j'existe en toi, c'est que tu aimerais bien exaucer un vœu détestable vis-à-vis de ladite personne et que tu t'en empêches.

Si j'existe en toi, c'est que ton affect est touché. Demande-toi : quel lien as-tu avec cette personne ?

Si j'existe en toi, c'est que je traduis un profond sentiment d'insatisfaction. Interroge l'interaction entre cette insatisfaction et la personne détestée.

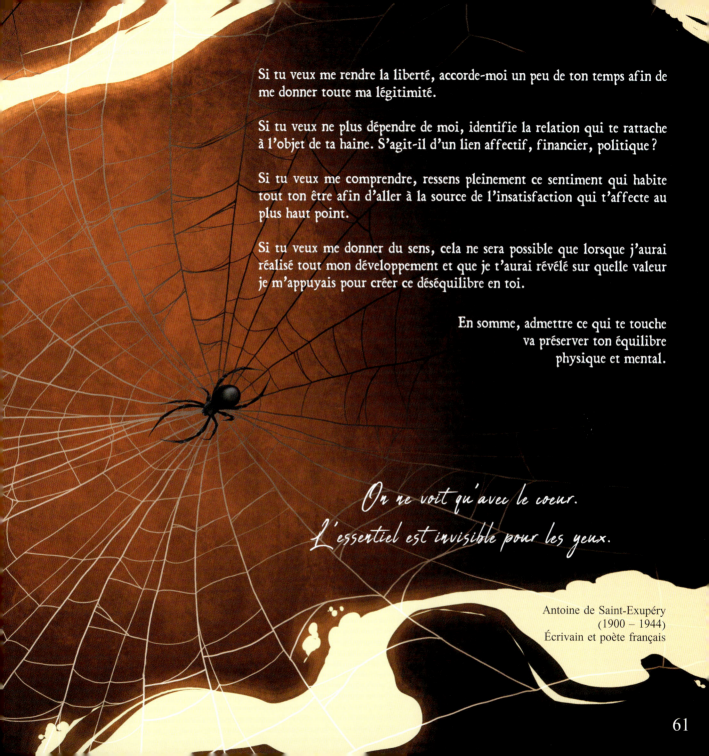

Si tu veux me rendre la liberté, accorde-moi un peu de ton temps afin de me donner toute ma légitimité.

Si tu veux ne plus dépendre de moi, identifie la relation qui te rattache à l'objet de ta haine. S'agit-il d'un lien affectif, financier, politique ?

Si tu veux me comprendre, ressens pleinement ce sentiment qui habite tout ton être afin d'aller à la source de l'insatisfaction qui t'affecte au plus haut point.

Si tu veux me donner du sens, cela ne sera possible que lorsque j'aurai réalisé tout mon développement et que je t'aurai révélé sur quelle valeur je m'appuyais pour créer ce déséquilibre en toi.

En somme, admettre ce qui te touche va préserver ton équilibre physique et mental.

On ne voit qu'avec le coeur.
L'essentiel est invisible pour les yeux.

Antoine de Saint-Exupéry
(1900 – 1944)
Écrivain et poète français

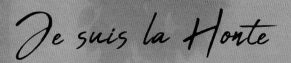

Je suis la Honte

Si j'existe en toi, c'est que je te renvoie à ton regard impitoyable et malveillant sur tes comportements et agissements face aux autres.

Si j'existe en toi, c'est que tu n'assumes pas tes écarts de conduite. Tu as juste oublié que tu étais un être faillible et perfectible commettant des erreurs.

Si j'existe en toi, c'est que tu n'essaies pas de corriger ces écarts tant j'envahis tes pensées avec un jugement surdimensionné par rapport aux évènements vécus.

Si j'existe en toi, c'est que je me complais dans ton imaginaire où je mêle réalité et exagération de suppositions plus irréelles les unes que les autres.

Pour me voir disparaître, confronte-toi au contenu de ta honte, sans quoi je peux me gonfler d'humiliation pour m'imposer à ton esprit.

Pour éviter que je m'associe à la culpabilité, considère comme importants les sujets, comportements ou agissements qui sont à l'origine de mon existence.

Pour me dominer, reconnais tes agissements et leurs conséquences avec sincérité et objectivité. Il se peut qu'il soit nécessaire, dans certains cas, d'aller jusqu'à réparer les torts subis par la faute des autres et assumer les inconvénients liés aux réactions des autres.

Pour éviter ma cristallisation en toi, exprime les choses simplement afin de faire évoluer ton ressenti. Il sera nécessaire d'intégrer le sens que tu donnes à cette nouvelle ouverture pour t'enrichir.

En somme, si tu assumes pleinement et complètement tes failles, alors tu progresseras dans ta connaissance de toi.

Les hommes amassent les erreurs de leurs vies et créent un monstre qui s'appelle le destin.

Thomas Hobbes
(1588 – 1679)
Philosophe anglais

Je suis l'Humiliation

Si j'existe en toi, c'est pour t'avertir qu'une situation t'a atteint.e dans ta dignité. Je ne suis pas une émotion, mais une souffrance psychique liée à une dévalorisation de l'image de soi.

Si j'existe en toi, c'est pour te signaler une blessure mettant en cause ton identité par quelqu'un ou par toi-même dans une situation donnée.

Si j'existe en toi, c'est pour t'informer que tu crains pour ton image vis-à-vis des autres en ressentant de la honte (par exemple) ou vis-à-vis de toi-même en éprouvant de la colère. Je suis là car tu es blessé.e dans ton amour-propre.

Si j'existe en toi, c'est en relation avec un évènement ou une situation que tu n'assumes pas tant le regard que tu te portes est avilissant ou que tu laisses aux autres un pouvoir sur toi qu'ils n'ont pas à avoir.

Pour m'assumer, exprime ce que tu ressens afin d'éviter ma cristallisation.

Pour restaurer l'image de soi, un temps sera nécessaire pour réparer les dommages subis et apprendre à te préserver. Ce temps sera d'autant plus important si cela s'est produit dans l'enfance, avec nécessité d'un accompagnement spécifique pour y remédier.

Si tu m'éprouves à l'âge adulte, le ressenti sera, certes, désagréable, mais sans conséquence sur l'image de soi. La situation devra être analysée « à froid » et distanciée afin d'être relativisée.

Pour assumer la situation vécue, ajuste ton appréciation, car un évènement ne te définit pas. Dans le cas contraire, il sera nécessaire de te faire aider pour y voir plus clair.

En somme, je suis là pour te permettre de revisiter ton rapport à toi en replaçant les choses dans leur contexte et dans le temps.

Les gens ne voient que ce qu'ils sont préparés à voir.

Ralph Waldo Emerson
(1803 – 1882)
Poète américain

Je suis l'Impuissance

Si j'existe en toi, c'est pour m'amuser de ton insatisfaction. Seras-tu capable de l'identifier ?

Si j'existe en toi, c'est qu'il demeure des choses qui font barrage à ton souhait.

Si j'existe en toi, c'est que je suis un indicateur d'une incapacité à accomplir ce que tu désires. Je peux me dérober à ton attention par des actes qui masquent un sentiment plus profond.

Si j'existe en toi, c'est une manière de t'informer d'être attentif.ve à ce que tu vis.

Pour me comprendre, différencie ce qui relève de ton pouvoir de ce qui n'en relève pas. En effet, tu peux agir sur ce que tu ressens, mais tu ne peux pas agir sur ce qui est extérieur à toi. Souviens-t'en.

Pour me libérer, je te propose de rendre visible la résistance dont je me targue pour me soustraire à ta volonté.

Pour apprendre de moi, écoute les effets que les situations vécues ont sur toi afin d'en comprendre le message.

Pour m'éviter la prochaine fois, conçois la possibilité que tu ne maîtrises pas toute ton existence et que certaines choses échappent à ton contrôle. Ainsi, tu seras plus disposé.e à agir sur celles sur lesquelles tu as la main.

En somme, apprends à distinguer dans tes expériences ce qui relève de ton pouvoir de ce qui ne l'est pas.

Un jour j'irai vivre en théorie, car en théorie tout se passe bien.

Pierre Desproges
(1939 – 1988)
Humoriste français

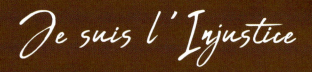

Je suis l'Injustice

Si j'existe en toi, c'est qu'il y a un écart entre ce que tu vis et ce que tu crois être mérité.

Si j'existe en toi, merci de ne pas me confondre avec la justice. En effet, m'opposer à la justice semble aisé et pourtant je n'y suis pas associée. Pour mieux me comprendre, il est nécessaire de m'en distinguer.

La *justice* est un concept créé par l'homme pour les humains afin d'accéder à un vivre ensemble équitable et impartial. C'est un ensemble de règles mis à la disposition de la société humaine. Ce que je ne suis pas.

Si j'existe en toi, c'est pour te signaler un défaut de valeur dans la réalité des circonstances qui entourent ta vie.

Si j'existe en toi, c'est un ressenti éprouvé au plus profond de ton être, car cela vient toucher des vertus fondatrices de ta construction psychique.

Pour appréhender mon sens, accède à la souffrance dont je me pare pour entrevoir ce que je cache.

Pour dissiper mon trouble, conçois ce qui manque de sens, de justification, qui heurte ainsi tes propres valeurs. Ton apprentissage du concept de la vie en dépend.

Pour me concéder une place dans ton monde intérieur, accepte les incohérences, les dommages existants, en prenant soin de distinguer ce qui relève de ta responsabilité de ce qui n'en relève pas.

Pour m'apprivoiser, mesure mon intensité et exprime ouvertement et simplement l'écart ressenti entre la situation vécue et ce qui te semble juste.

En somme, considère-moi comme une variable d'ajustement entre ton monde intérieur et le monde extérieur.

Chaque homme tient l'infini dans le creux de sa main.

William Blake
(1757 – 1827)
Poète britannique

Je suis l'Irritation

Si j'existe en toi, c'est qu'il est peut-être temps de t'arrêter un instant, d'écouter les sensations et de décoder leur signification.

Si j'existe en toi, c'est que j'ai eu tout le loisir de m'installer en profitant de la non-réalisation de ce qui pourrait te satisfaire.

Si j'existe en toi, c'est pour t'informer que tu es face à une situation qui n'a pas de sens pour toi. Je ne suis pas de la colère bien que je puisse être souvent confondue avec elle. Je m'apparente plus facilement à une forme d'impatience désagréable ou un mécontentement.

Si j'existe en toi, c'est pour te signaler un trait de ton caractère modifiable pour peu que tu veuilles saisir l'opportunité de me comprendre.

Pour me connaître, relève les situations vécues qui sont la source d'une insatisfaction.

Pour soulager le malaise que je provoque, fais part de tes craintes et de ton ressenti.

Pour obtenir une amélioration, il te faudra franchir une étape aussi délicate que nécessaire : accepte la situation qui n'a pas de sens afin de relever ce qui est important pour toi.

Pour éviter que l'impulsivité me transforme en actes colériques, une distanciation et une correction de certaines pensées réflexes seront indispensables. La notion du non-pouvoir est à inclure dans ce que tu vis.

En somme, je suis là pour te permettre de faire face à la frustration de certaines situations, incompatibles avec tes valeurs ou pensées, et qui ont besoin d'être corrigées.

L'imagination est plus importante que le savoir.

Albert Einstein
(1879 – 1955)
Physicien d'origine allemande

Je suis la Jalousie amoureuse

Si j'existe en toi, c'est pour exprimer des peurs que tu n'as pas traversées au cours de ta vie.

Si j'existe en toi, c'est pour t'informer d'une colère enfouie et qui n'a pas été entendue.

Si j'existe en toi, c'est bien que tu ignores la valeur qui est la tienne.

Si j'existe en toi, c'est pour te signaler que tu conditionnes ta valeur sur l'amour que l'autre te porte.

Si je m'exprime avant toi, demande-toi quelle insécurité/sécurité te procure la relation. Comment te considères-tu en qualité de partenaire de vie ? Quelle représentation as-tu d'un.e partenaire ?

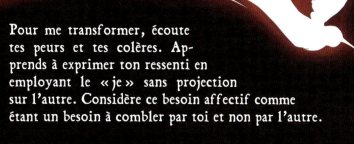

Pour me transformer, écoute tes peurs et tes colères. Apprends à exprimer ton ressenti en employant le « je » sans projection sur l'autre. Considère ce besoin affectif comme étant un besoin à combler par toi et non par l'autre.

Pour te désintoxiquer, visite tes croyances, tes idées préconçues sur le couple, les besoins non satisfaits (affectifs...), la place et le rôle de chacun dans une relation. Car je me nourris de ce que tu crois savoir et des certitudes de tes représentations.

Pour te sevrer d'une « dépendance affective », autorise-toi à me considérer comme une menace à ta sécurité intérieure et à rechercher les bénéfices d'une compréhension de tes frustrations.

Pour éprouver ta capacité de séduction, entreprends une démarche de restauration de ton estime.

En somme, apprends à reconnaître tes désirs et à y répondre par tes propres moyens.

Si on interroge les hommes en posant bien les questions, ils découvrent d'eux-mêmes la vérité sur chaque chose.

Platon
(vers 428/427 av. J.-C. – vers 348/347 av. J.-C.)
Philosophe antique

Je suis la Jalousie envieuse

Si j'existe en toi, c'est que je suis une expression de colère envers toi.

Si j'existe en toi, c'est pour exprimer ta frustration, ton incapacité à obtenir quelque chose que tu souhaites avoir.

Si j'existe en toi, c'est que je te renvoie à tes contradictions, entre tes désirs et ton refus de faire ce qu'il faut pour l'obtenir.

Si j'existe en toi, c'est que tu vois chez l'autre ce que tu souhaites obtenir. Je me manifeste dans la pénibilité, la souffrance, la révolte, dans la dépréciation des individus qui ont ce que tu veux.

Pour diminuer mon impact dans tes relations aux autres, considère-moi comme une manifestation de tes envies non assumées, de tes besoins non satisfaits (par exemple : la reconnaissance).

Si tu m'utilises à bon escient, je peux être une alliée inspirante et stimulante afin de te pousser à te dépasser.

Si tu me perçois comme un indicateur, je suis celui qui t'informe que ton niveau de comparaison aux autres a dépassé le seuil de tolérance vis-à-vis de toi.

Pour me comprendre, identifie tes besoins. Apprends à découvrir tes peurs liées à des résistances conscientes ou inconscientes.

Pour me transformer, limite ton regard à des faits observables et mesurables concernant tes propres agissements.

Pour te défaire de mon envahissement, corrige tes croyances et tes freins et explore d'autres voies d'accès à tes envies.

Pour agir avec détermination, assure-toi que tes envies sont réalistes dans le temps.

En somme, autorise-toi à modifier ton mode de fonctionnement afin de répondre au mieux à ce que tu désires.

Prenez le temps de réfléchir, mais quand vient le moment de passer à l'action, cessez de penser et allez-y !

Andrew Jackson
(1767 – 1845)
Homme d'État américain

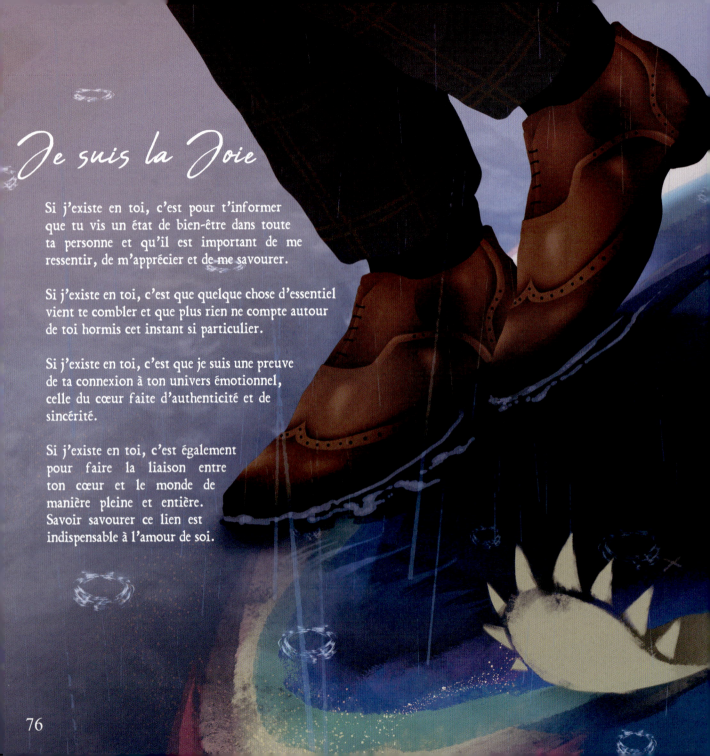

Je suis la Joie

Si j'existe en toi, c'est pour t'informer que tu vis un état de bien-être dans toute ta personne et qu'il est important de me ressentir, de m'apprécier et de me savourer.

Si j'existe en toi, c'est que quelque chose d'essentiel vient te combler et que plus rien ne compte autour de toi hormis cet instant si particulier.

Si j'existe en toi, c'est que je suis une preuve de ta connexion à ton univers émotionnel, celle du cœur faite d'authenticité et de sincérité.

Si j'existe en toi, c'est également pour faire la liaison entre ton cœur et le monde de manière pleine et entière. Savoir savourer ce lien est indispensable à l'amour de soi.

Pour m'apprécier davantage, sois attentif.ve à ta personne en écoutant à la fois ton cœur et ton corps. Ils rivalisent d'ingéniosité pour manifester ma présence dans bon nombre de situations — même si, souvent, tes préoccupations du moment les étouffent.

Si je me manifeste à toi, prends le temps de me considérer comme un remède contre la morosité de ton environnement et aide-moi à être davantage présente, car je suis parfois fugace et peux facilement passer inaperçue.

Si tu ne prêtes pas suffisamment attention à moi, je vais facilement me dégrader et provoquer ainsi une insatisfaction grandissante jusqu'à développer une tristesse sans nom et sans raison.

Si, par contre, tu prends soin de moi par la jouissance de mes brefs instants, tu ressentiras mon exaltation, mélange d'enthousiasme et de ferveur.

En somme, apprends à prêter attention à ces instants de joie pour en faire un art de vivre.

J'accepte la grande aventure d'être moi.

Simone de Beauvoir
(1908 – 1986)
Philosophe française

Je suis le Mépris

Si j'existe en toi, je te conseille de venir explorer ce qui ne demande qu'à être dévoilé.

Si j'existe en toi, c'est que tu dissimules un désir non avoué d'obtenir ce que l'autre possède. Je peux également me parer de la peine pour mieux te troubler.

Si j'existe en toi, c'est pour t'aider à exprimer une opposition face à un comportement blessant qui touche des valeurs bafouées ou des règles de moralité. Je vais ainsi m'aider de la colère pour me faire entendre.

Si j'existe en toi, c'est également que tu essaies peut-être — sans le savoir — de masquer une sensibilité à l'égard des propos ou attitudes des autres et notamment de la part des personnes que tu apprécies. Et c'est ainsi que ta peur du regard des autres va me nourrir en te servant de bouclier et d'épée.

Si j'existe en toi, c'est avant tout pour que tu ailles à la rencontre des différents ingrédients émotionnels qui jaillissent dans un flot d'attitudes et de comportements. Est-ce que tu auras l'envie de visiter ce qui te dérange vraiment ?

Pour me saisir, ressens les différentes émotions qui t'affectent lorsque je me manifeste à toi. Même si cela te coûte.

Pour me décomposer, différencie tes valeurs de tes principes. En effet, j'aime m'enrichir des notions d'infériorité et de supériorité selon que ton estime de toi est en adéquation avec tes exigences ou pas.

Pour m'explorer jusqu'au bout, admets ce que cache le mépris que tu affiches, ou exprime ouvertement ce que tu éprouves face à un comportement méprisant. La décision de spéculer sur les possibilités que t'offre l'exploration de cette émotion plurielle qu'est le mépris pour t'éveiller davantage à la connaissance de soi t'appartient.

En somme, libre à toi de savoir écouter tes émotions pour apprendre l'art de bien vivre !

Si je devais faire un cadeau à la génération suivante, je lui apprendrais à ne pas se prendre au sérieux.

Charles Monroe Schulz
(1922 – 2000)
Auteur de bande dessinée

Je suis la Nostalgie

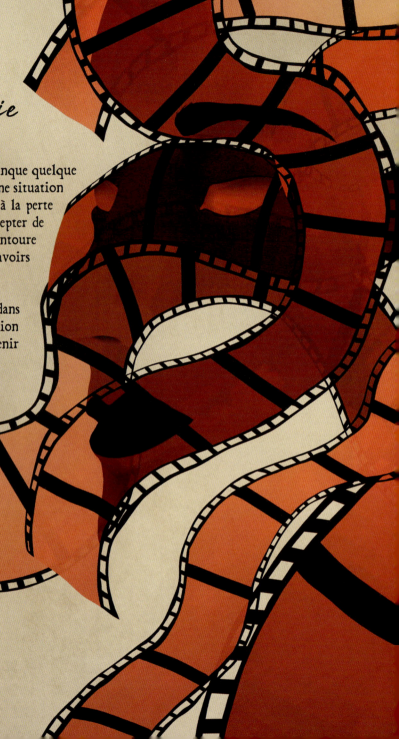

Si j'existe en toi, c'est pour t'informer qu'il manque quelque chose à ton bien-être, te faisant replonger dans une situation du passé satisfaisante. Ce manque peut être dû à la perte d'une « innocence » face au monde actuel. Accepter de grandir en tenant compte de la réalité qui t'entoure permet de faire évoluer les savoirs ou les non-savoirs et les croyances enfantines.

Je suis là aussi pour t'indiquer un léger manque dans le domaine affectif. Je me manifeste à l'occasion d'une situation ou attitude analogue à un souvenir agréable.

Si j'existe en toi, c'est pour te signaler un besoin — pas forcément important — qui n'est pas comblé.

Si j'existe en toi, c'est peut-être une opportunité de dévoiler ce qui te manque et de répondre à ce besoin non satisfait.

Si tu veux me saisir comme une chance, je t'invite à revenir sur les besoins générés par l'émergence de tes souvenirs. Il sera possible de ressentir une forme de tristesse, car je suis associée à elle pour exister.

Si tu te sens envahi.e par ma présence, c'est une façon que j'ai de paralyser tes actions en bloquant tes pensées uniquement sur tes souvenirs agréables. Cela a pour effet de t'empêcher d'aller explorer les manques et les besoins qui s'y rattachent.

Si tu veux te mettre en mouvement et ainsi sortir de mon « enfermement », je te propose d'identifier les effets produits par mon envahissement et de remonter ainsi la chaîne des différentes causes de mon origine.

Si tu veux ressentir le plaisir d'un souvenir agréable, il te suffira de t'occuper des manques et des besoins qui ont émergé afin de transformer cette forme de tristesse qui me caractérise en contentement.

En somme, je suis un indicateur de ta satisfaction et de ton bien-être. Aimeras-tu enquêter sur les manques et les besoins qui t'indisposent afin d'y remédier ?

Un instant de bonheur vaut mille ans dans l'histoire.

Voltaire
(1694 – 1778)
Philosophe français

Je suis l'Orgueil

Si j'existe en toi, c'est pour te signaler que tu te perds dans les méandres de tes erreurs. Je suis ambivalent et amène des contradictions entre ta façon de penser et ta façon d'agir. Il s'agira également de trouver le point d'équilibre entre l'orgueil et la fierté, car je suis souvent confondu avec celle-ci bien que nous ayons deux rôles différents. Notre opposition nous amène à avoir un médian nommé l'humilité.

Si j'existe en toi, c'est que ton rapport à toi est faussé tant par tes croyances que par tes convictions.

Si j'existe en toi, interroge ta capacité d'indulgence et de bienveillance vis-à-vis de toi-même.

Si j'existe en toi, c'est que je m'alimente — à ton insu — de frustration, d'injustice et d'impuissance face aux évènements. Je peux aller jusqu'à me remplir de méfiance, voire d'idées de persécution.

Pour changer ton rapport à toi-même, prends conscience du déséquilibre entre ta propre confiance en toi et la méconnaissance de tes limites.

Pour modifier l'état émotionnel qui me constitue, à savoir « l'exigence de la perfection », je te propose de le transformer en « fais de ton mieux ».

Pour diminuer mon aspect rigide, admets que tes souhaits et désirs ne sont pas tous réalisables. Si tu veux me ressentir dans mon aspect constructif, je suis là pour porter la motivation et l'effort dans les défis à relever.

En somme, consens à réaliser les efforts pour atteindre tes objectifs tout en restant vigilant.e sur ta façon de te penser.

Il y a deux choses que l'expérience doit apprendre : la première, c'est qu'il faut beaucoup corriger ; la seconde, c'est qu'il ne faut pas trop corriger.

Eugène Delacroix
(1798 – 1863)
Peintre français

Je suis la Patience

Si j'existe en toi, c'est que tu as su accorder une place au temps dans l'accomplissement de tes rêves.

Si j'existe en toi, considère-moi comme une capacité déjà acquise, celle de te dépasser dans la persévérance et la détermination.

Si j'existe en toi, c'est que tu as su m'éprouver au fil des expériences sans t'accabler outre mesure tout en faisant preuve d'opiniâtreté.

Si j'existe en toi, c'est que tu accèdes progressivement à un état de sagesse où la confiance et l'espérance sont tes nouveaux piliers de vie.

Si tu ne me ressens pas du tout, interroge l'importance accordée aux évènements. Comment emploies-tu ton temps ? Qu'est-ce qui fait sens pour toi ?

Si tu m'exècres ou que tu m'associes à de l'inaction, il serait peut-être utile de te poser pour écouter le monde qui t'entoure et visiter les valeurs qui y sont associées.

Si tu veux me côtoyer, apprends de chaque situation vécue. Pour atteindre un but, le postulat est le suivant : être capable d'avancer d'un pas de plus dans une action dont tu ignores le résultat.

Si tu estimes que tu n'as pas besoin de moi, suis ton chemin, car je suis déjà en toi sans que tu le saches vraiment.

En somme, c'est en rencontrant ce qui n'est pas que tu accèdes à mon existence.

Les deux guerriers les plus puissants sont la patience et le temps. N'oublie pas que les grandes réalisations prennent du temps et qu'il n'y a pas de succès du jour au lendemain.

Léon Tolstoï
(1828 – 1910)
Écrivain russe

Je suis la Peur

Si j'existe en toi, c'est que j'ai ma place
au même titre que les doutes et les incertitudes.

Si j'existe en toi, c'est pour te signaler un risque.
As-tu envie de le prendre ou pas ?

Si j'existe en toi, c'est pour
t'apprendre à développer la confiance
qui ne vient que par expérience.

Si j'existe en toi, merci de ne pas m'éviter, sinon
je vais enfler en me servant de toutes les choses
qui ne te faisaient pas peur jusqu'à présent.

Si je me dresse devant toi, demande-toi
quel risque tu prends à me dépasser.
De quoi (ou de qui) as-tu besoin
pour y parvenir ?

Pour me traverser, je t'invite à me considérer comme faisant partie de toi. Accepte l'idée qu'il y a des choses en toi à modifier. Car je suis aussi bien réelle que subjective ! Comprends-moi car j'ai quelque chose à t'apprendre.

Pour me dépasser, prépare les choses de façon concrète plutôt que de les imaginer. Car la première des peurs est la peur de l'inconnu et donc de l'avenir (ce qui est à venir).

Pour m'évaluer, pense à me ramener à ton présent. Autorise-toi à oser des choses nouvelles, à organiser des étapes à franchir pour alimenter le côté pile de la peur, à savoir la confiance. Sachant que le côté face de la peur est le risque à prendre.

En somme, autorise-toi à préparer ton chemin plutôt que d'imaginer le résultat de ton ignorance, car tu n'es pas devin.eresse.

Notre peur la plus profonde n'est pas que nous ne soyons pas à la hauteur. Notre peur la plus profonde est de comprendre que nous sommes puissants au-delà de toute limite.

Nelson Mandela
(1918 – 2013)
Homme d'État africain

Je suis le Plaisir

Si j'existe en toi, c'est que je fais partie intégrante de ton être depuis toujours. J'habite ton cœur, ton corps et ta raison.

Si j'existe en toi, c'est pour exprimer la satisfaction pleine et entière d'un besoin assouvi, dont le contentement revêt différentes sensations en fonction de la situation vécue.

Si j'existe en toi, c'est que tu reconnais la nécessité de ne pas tout contrôler dans les manifestations physiques, psychiques ou intellectuelles dans lesquelles j'aime à me lover.

Si j'existe en toi, c'est pour te permettre de ressentir un langage qui ne se nomme pas tant mon expression passe par d'autres sens.

Pour me faire vivre, apprends à laisser venir à toi tes désirs, car c'est en se développant qu'ils te livreront la connaissance d'une extension de ton être.

Pour me nourrir, apprends à distinguer les fantasmes des envies en te connectant à tes émotions et ton imagination.

Pour me laisser de la place, vérifie que ta raison ne vienne pas régenter tout ton univers au risque de te couper de moi.

Pour être attentif.ve à mon expression, ne me cache pas, ne me dévalorise pas comme tous ces enfants qui me repoussent en avançant en âge. En t'interdisant mon existence, tu t'enfermes dans une censure où je suis étouffé jusqu'à l'oubli.

En somme, apprends à être attentif.ve à toutes tes sensations pour en mesurer leur portée.

L'homme est né pour le plaisir ; il le sent, il n'en faut point de preuve.

Blaise Pascal
(1623 – 1662)
Philosophe français

Je suis la Rancune

Si j'existe en toi, c'est que tu estimes avoir vécu quelque chose d'inadmissible ou d'inconcevable vis-à-vis de toi ou d'une personne qui est chère à ton cœur.

Si j'existe en toi, c'est pour te signifier une colère empreinte d'un désir de vengeance, qui te semble la seule issue possible pour réparer le tort subi.

Si j'existe en toi, sache que je me suis implantée pour durer. C'est aussi ta manière de garder la tête haute, car tu refuses catégoriquement la situation vécue.

Si j'existe en toi, il est probable que tu me ressentes comme quelque chose de désagréable. Si c'est le cas, alors il est peut-être temps de t'occuper de moi. Sinon tu prends le risque de toucher à ton intégrité psychique.

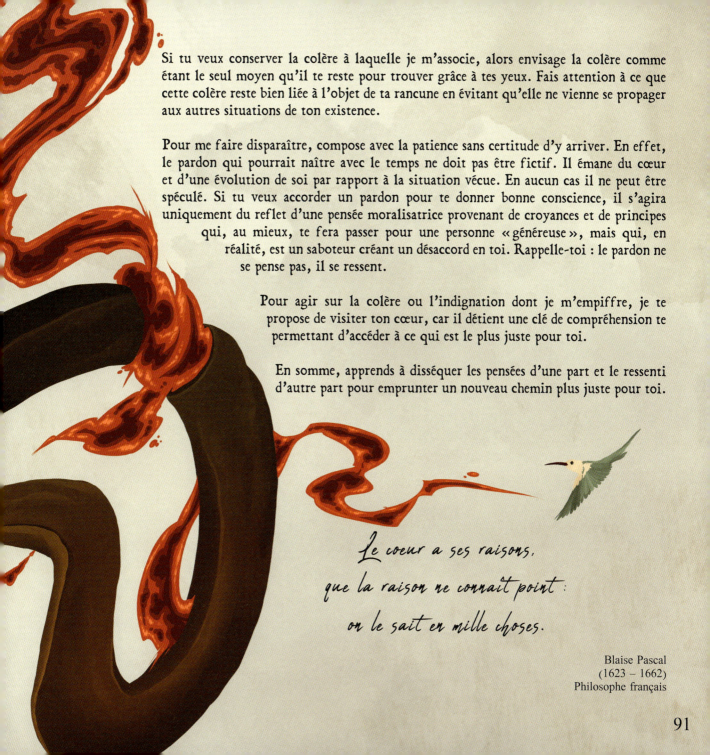

Si tu veux conserver la colère à laquelle je m'associe, alors envisage la colère comme étant le seul moyen qu'il te reste pour trouver grâce à tes yeux. Fais attention à ce que cette colère reste bien liée à l'objet de ta rancune en évitant qu'elle ne vienne se propager aux autres situations de ton existence.

Pour me faire disparaître, compose avec la patience sans certitude d'y arriver. En effet, le pardon qui pourrait naître avec le temps ne doit pas être fictif. Il émane du cœur et d'une évolution de soi par rapport à la situation vécue. En aucun cas il ne peut être spéculé. Si tu veux accorder un pardon pour te donner bonne conscience, il s'agira uniquement du reflet d'une pensée moralisatrice provenant de croyances et de principes qui, au mieux, te fera passer pour une personne « généreuse », mais qui, en réalité, est un saboteur créant un désaccord en toi. Rappelle-toi : le pardon ne se pense pas, il se ressent.

Pour agir sur la colère ou l'indignation dont je m'empiffre, je te propose de visiter ton cœur, car il détient une clé de compréhension te permettant d'accéder à ce qui est le plus juste pour toi.

En somme, apprends à disséquer les pensées d'une part et le ressenti d'autre part pour emprunter un nouveau chemin plus juste pour toi.

Le cœur a ses raisons, que la raison ne connaît point : on le sait en mille choses.

Blaise Pascal
(1623 – 1662)
Philosophe français

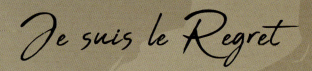

Je suis le Regret

Si j'existe en toi, c'est pour te signaler l'écart entre une action passée et ses conséquences dans la situation que tu vis actuellement.

Si j'existe en toi, c'est pour t'informer d'une modification de ton point de vue au regard d'une attitude ou d'un comportement du passé.

Si j'existe en toi, c'est bien que tu as réévalué tes agissements d'hier tout en ressentant encore des effets aujourd'hui. Tu me digères dans la peine d'avoir agi (ou pas) contre tes principes.

Si j'existe en toi, c'est qu'il te faut admettre que ta conduite passée n'est pas celle que tu aurais à ce jour ou que tu aurais voulu avoir. Je peux donc véhiculer du chagrin et du mécontentement si tu n'as pas admis la situation vécue. Je peux m'associer à une tristesse assumée si tu as accepté ton choix. Toutefois, je m'associe à de la culpabilité lorsque tes principes ont une valeur importante à tes yeux.

Pour mieux me considérer, estime-moi à ma place, car je suis légitime et juste au même titre que la joie ; même si je me manifeste par de la tristesse au regard d'un besoin non satisfait.

Pour me transformer, assume tes choix ou tes propos appartenant à ton passé et reconsidère tes besoins sous un jour nouveau. Il s'agira également pour toi de supporter les effets et suites produits par ces choix, propos ou attitudes.

Pour me traverser, admets tes agissements et corrige-les à l'avenir.

Pour me voir disparaître, inspire-toi des différentes étapes à réaliser que sont la résignation (tu ne peux pas changer ce qui est fait) et la compensation (tu peux mieux agir aujourd'hui qu'hier).

En somme, focalise-toi sur ton pouvoir d'agir plutôt que sur les conséquences de tes actes et des émotions qui en découlent.

C'est l'action juste en fonction de ce que requiert la situation, et non ce qu'exigent votre raison ou vos émotions.

Alain Cayrol
Introducteur de la PNL en France

Je suis le Rejet

Si j'existe en toi, c'est pour te signaler que tu as subi l'action d'un tiers envers ta personne. Je me manifeste au travers d'émotions désagréables, voire pénibles.

Si j'existe en toi, c'est que des situations vécues et des impressions ressenties sont venues abîmer l'estime que tu te portes.
Ainsi, je peux me parer de tristesse jusqu'à m'immiscer dans tes pensées en t'affligeant d'une incapacité ou d'une incompétence artificielles dont tu es convaincu.e.
Je peux également rétrécir ton champ de vision sur l'indisponibilité, le manque d'écoute ou de partage des autres vis-à-vis de toi. Et c'est ainsi que tu ne retiendras que cela dans tes relations aux autres, ce qui viendra te donner ce sentiment de rejet qui t'amènera inconsciemment à t'isoler.
Je peux te donner également cette impression en t'empêchant d'exprimer ton avis, en m'associant à différentes peurs (peur de déranger, peur de gêner, peur de ne pas être à sa place…).

Si j'existe en toi de façon prégnante, c'est que tu laisses aux autres le pouvoir d'évaluer ta propre valeur, surtout si ces autres sont des personnes qui ont de l'importance à tes yeux ou avec lesquelles tu souhaites avoir un lien d'appartenance.

Pour me reconnaître, réalise une introspection pour reprendre le pouvoir et satisfaire tes besoins en souffrance.

Pour prendre ta place, interroge ton rapport aux autres et retire les étiquettes qui te paralysent.

Pour diminuer mon impact, considère-moi avant tout comme un frein à combler une satisfaction dans ta vie.

Pour modifier ton regard sur toi, affronte-moi en reconnaissant ton manque d'amour vis-à-vis de toi. Nourris ton estime par différentes actions tout en poursuivant le développement de tes relations aux autres.

En somme, je suis là pour t'indiquer une souffrance liée à ton amour-propre qu'il est urgent d'aller soigner afin de te voir tel.le que tu es réellement, et non tel.le que tu sembles le croire !

L'univers est rempli de magie et il attend patiemment que notre intelligence s'affine.

Bertrand Russel
(1872 – 1970)
Philosophe britannique

Je suis le Remords

Si j'existe en toi, c'est que tu es focalisé.e sur des évènements où des règles conscientes ou inconscientes étaient en jeu.

Si j'existe en toi, c'est pour t'informer que tes actions ou inactions du passé ont été associées à de la morale.

Si j'existe encore en toi après plusieurs mois ou plusieurs années, c'est que tu es aveuglé.e par des croyances non identifiées à ce jour.

Si j'existe en toi, c'est qu'il te faut accepter les conséquences d'un choix (parole, geste, etc.). Je peux m'associer à de la culpabilité si ce choix et ce qui en découle ne sont pas assumés. Je peux me grandir grâce à de la honte aussi, si tu restes focalisé.e sur l'évènement.

Pour consentir à me regarder, expose ton ressenti au grand jour en même temps que l'évènement et les circonstances de celui-ci.

Pour réussir à me traverser, aide-toi d'un tiers pour décrypter les émotions, les croyances et les valeurs qui s'y rattachent. C'est à partir de là que tu pourras commencer à changer ta façon de penser et revisiter les liens entre l'évènement et la morale qui y est associée. Sans quoi je prendrai un malin plaisir à me lover en toi en alimentant ces mêmes croyances.

Pour diminuer mon intensité, apprends également à diminuer tes valeurs si besoin et à admettre tes failles.

Pour traverser l'évènement, confronte-toi aussi à la peine, la honte ou la colère que j'utilise pour te bloquer, te freiner. C'est en décortiquant tout cela que tu pourras ressentir du soulagement et instaurer un nouvel état d'esprit.

En somme, interroge le pouvoir des croyances liées à ton éducation et à la société dans laquelle tu vis.

Les hommes se trompent en ce qu'ils pensent être libres ; et cette opinion consiste uniquement pour eux à être conscients de leurs actions, et ignorants des causes par lesquelles ils sont déterminés.

Baruch Spinoza
(1632 – 1677)
Philosophe hollandais

Je suis la Révolte

Si j'existe en toi, c'est que tu rencontres des situations qui heurtent tes valeurs intrinsèques.

Si j'existe en toi, cela peut t'informer que tu vis de l'injustice ou que tu as l'impression de vivre des moments qui t'échappent et génèrent de l'impuissance.

Si j'existe en toi, c'est qu'il est temps de considérer ces évènements comme des indicateurs t'informant que tu disposes d'une marge de manœuvre restreinte concernant tes actions.

Si j'existe en toi, c'est pour t'amener à considérer ce qui est important pour toi et, pour cela, il te faudra commencer par me vivre dans ma totalité.

Pour me laisser vivre complètement, accepte ton incapacité à agir momentanément.

Si je suis présente dans l'injustice d'une situation, connecte-toi à tes valeurs afin de te permettre de me traverser. Il sera toujours temps de les ajuster si elles sont excessives.

Si tu veux utiliser ma source comme un tremplin, je soutiendrai tes aspirations et, donc, serai bénéfique pour une cause juste.

Si tu t'obstines à m'enfermer dans une situation ou un évènement, tu t'épuiseras sans connaître d'issue à la situation.

En somme, en te connectant à tes valeurs pour identifier tes besoins, tu acquerras la persévérance utile à tes actions.

Il faut constamment se battre pour voir plus loin que le bout de son nez.

George Orwell
(1903 – 1950)
Écrivain britannique

Je suis la Souffrance émotionnelle

Si j'existe en toi, c'est que j'ai accumulé plusieurs émotions telles que la tristesse, la peur, la colère, la culpabilité et la nostalgie. On m'appelle aussi souffrance psychologique.

Si j'existe en toi, c'est que la tristesse, la colère et la peur se sont manifestées sans que tu aies su les traverser totalement tant l'épreuve et la peine ressentie étaient grandes.

Si j'existe en toi, c'est que progressivement tu n'as pas su consentir à laisser parler ton chagrin et le tourment que tu vivais.

Si j'existe en toi, c'est que la nostalgie t'habite par des actes manqués ; il peut s'agir également d'une confusion entre chagrin, découragement, déception et perte d'intérêt.

Si je persiste en toi, je peux me transformer en fatigue physique ou morale et progressivement me muer en pensées désagréables pour me délecter d'une dépréciation de soi.

Pour me comprendre, ne me considère pas comme une simple émotion. Je suis devenue une douleur physique ou morale que toi seul.e peux évaluer. Ainsi, je te propose d'examiner toutes les couleurs des émotions qui me composent, puis d'établir une échelle d'intensité pour chaque émotion ressentie.

Pour m'éprouver, prends le temps d'identifier toutes les émotions qui font que j'existe en toi. Essaie d'exprimer ton ressenti à travers la tristesse éprouvée, à travers les peurs vécues, à travers la colère contenue, la culpabilité qui t'affecte, à travers la nostalgie de ces moments perdus.

Pour m'atténuer, fais preuve de patience ; cultive les joies du moment comme un remède précieux, à renouveler autant de fois que nécessaire ; sois accompagné.e dans ma guérison. Si tu veux découvrir le silence en toi, ose t'exprimer dans toutes les couleurs de tes émotions sans retenue, car toi seul.e peux ressentir, toi seul.e peux mesurer. Aucune souffrance ne peut être comparée à une autre.

En somme, autorise-toi à faire exister ce qui se vit en toi, avec le temps comme allié.

Confronté à la roche, le ruisseau l'emporte toujours.
Non par la force, mais par la persévérance.

Confucius
(551 av. J.-C. — 479 av. J.-C.)
Philosophe chinois

Je suis le Soulagement

Si j'existe en toi, c'est pour te rendre disponible à l'émergence d'une nouvelle expérience émotionnelle.

Si j'existe en toi, c'est que tu viens d'accéder à tout ce qui est important pour toi. Je peux exister de manière totale ou partielle selon les cas.

Si j'existe en toi, c'est que tu as su te poser pour comprendre le sens de l'expérience affective, ce qui a eu pour effet de diminuer la charge physique ou mentale dont tu étais rempli.e.

Si j'existe en toi, c'est la conséquence d'un allègement de ta peine ou de ta douleur. Cela rend moins pénible le vécu de la situation en cause, car tu as su cerner ses différents composants. Je suis un ressenti qui peut être perçu par les autres avec beaucoup de subjectivité. Alors, considère-moi comme un indicateur personnel de ton état. Je suis en effet une caractéristique de la singularité des individus. Tu es unique et, par conséquent, les émotions que tu ressens le sont tout autant.

Pour m'évaluer, accepte l'intensité de la douleur émotionnelle ressentie. Exprime celle-ci pour éviter qu'elle ne reste muette.

Pour me ressentir, tu auras peut-être besoin de conseils ou de soutien. J'apprécie d'être accompagné par le soutien physique, social, psychologique ou spirituel. À toi de choisir ce qui est bon pour toi. Accepte d'en avoir plusieurs en même temps, si nécessaire.

Pour me faire vivre, accepte les émotions qui viennent à toi et ce dans toutes les situations que tu vis.

Pour me voir apparaître, laisse se déployer les sentiments en toi, notamment ceux qui sont désagréables afin qu'ils fassent sens pour toi. Ce sont souvent des instants de vie qui sont difficiles à traverser et qui parfois nécessitent une distanciation et du temps. Accorde-toi les deux.

En somme, opte pour que chaque évènement pénible ou difficile se conjugue avec discernement et compréhension.

On ne peut rien enseigner à un homme.
On peut seulement l'aider à trouver la réponse
à l'intérieur de lui-même.

Galilée
(1564 – 1642)
Savant italien

Je suis le Stress

Si j'existe en toi, c'est que j'y suis depuis toujours. Je suis là pour réguler ton système émotionnel. Je suis une soupape qui s'actionne à chaque fois qu'une pression trop grande se présente à toi. Je suis souvent confondu avec l'angoisse en raison de notre source commune : les peurs. Nos différences sont pourtant nombreuses.

Si j'existe en toi et que je joue mon rôle premier, je te permets ainsi de retrouver un équilibre émotionnel après une forte émotion ou cette sorte d'adrénaline qui te fait avancer. Je suis digne de confiance.

Si j'existe en toi et que je te paralyse, c'est qu'il est urgent de prendre le temps de regarder de plus près les émotions non traversées que j'ai additionnées progressivement.

Si j'existe en toi à travers différents signaux corporels, c'est que ton corps ne peut plus assimiler la pression accumulée. Accueille l'idée que ton corps te signale de lui accorder un répit, un vrai ; pas le « je n'ai pas le temps » ou « je finis cela et après… ». Ta tête a beau dire, c'est ton corps que tu dois écouter maintenant.

Si je suis présent trop souvent, c'est que tu te moques vraiment de toi et qu'il y a un conflit entre ta tête et ton corps. Qui crois-tu tromper ainsi ? Qui crois-tu qui gagnera ? Et quel sera ton gain dans tout cela ?

Pour me redonner mon rôle premier, celui d'un régulateur, comprends tes agissements.

Pour me maintenir dans mon rôle de soupape, car je suis bien dans ce rôle-là, je te conseille vivement de mettre en place des actions pour libérer la pression régulièrement. Aie confiance en moi.

Pour me reconnaître dans mes différents rôles, apprends à déceler les besoins à satisfaire et à agir en conscience pour les combler progressivement.

Pour ressentir la sérénité, considère-moi comme un allié prêt à intervenir lorsque tu vas trop loin.

En somme, autorise-toi à entendre tous les signaux et pas uniquement les dires de ta tête !

Penser, c'est réapprendre à voir, diriger sa conscience, faire de chaque image un lieu privilégié.

Albert Camus
(1913 – 1960)
Écrivain français

Je suis la Surprise

Si j'existe en toi, c'est que je suis à ma place. Je suis l'inattendu, l'étonnement, l'imprévu.

Si j'existe en toi et que tu ne m'apprécies pas, interroge alors ton rapport aux évènements. Car je m'amuse de la maîtrise que tu désires obtenir de choses qui ne relèvent pas de ton contrôle.

Si j'existe en toi et que tu m'accueilles comme il se doit, alors c'est que tu as compris que la vie peut être imprévisible et incertaine.

Si j'existe en toi, c'est pour te révéler la nouveauté. Ce nouveau peut être appréciable et moteur comme insupportable et injuste. Je suis ainsi, je me transforme au gré des situations.

Pour m'apprivoiser, laisse-moi m'exprimer au moment où je surviens.

Pour m'admettre, envisage-moi comme une expression de toi insaisissable et qui échappe totalement à ton emprise.

Pour m'intégrer à ton quotidien, accepte l'inconnu comme une donnée inextricable et modifie ton rapport à l'espace et au temps. Si tu veux me considérer comme émotion et état d'être, car je suis les deux à la fois, je deviendrai un élément relationnel facilitant ton rapport à la vie et aux autres.

En somme, en intégrant la variable inconnue dans ton univers, tu accèdes à une dimension plus vaste de ta réalité.

La surprise devrait s'imposer comme le mode de relation privilégié à un réel qui n'est jamais intégralement donné ni prévisible.

Henri Bergson
(1859 – 1941)
Philosophe français

Je suis la Timidité

Si j'existe en toi, c'est que tu as accepté d'accueillir la vision que les autres ont de toi. Je suis la timidité et je ne suis pas une émotion, mais une façon d'être. Tu crois que les autres attendent quelque chose de toi sans savoir ce que c'est.

Si j'existe en toi, c'est que tu tentes de dissimuler ce que tu ressens, ce que tu penses. Je suis là pour t'éviter de t'exposer au jugement des autres.
Enfin, c'est ce que tu présumes !

Si j'existe en toi, c'est avant tout pour te rendre invisible, t'effacer et ainsi ne pas t'exposer aux regards des autres.

Si j'existe en toi, c'est que tu ne sais pas que c'est en restant dans l'ombre que tu t'empêches de t'affirmer et c'est cela qui me fait vivre, moi, la timidité. En fait, tu m'alimentes sans le savoir et, de ce fait, tu n'as plus besoin des autres pour te « cacher ».

Si je suis visible avant toi, demande-toi ce que tu n'arrives pas à exprimer. Quelle peur cherches-tu à taire ?

Si tu veux prendre ta place, je t'invite à apprendre à affronter le Monde. Accepte le « jamais, je n'y arriverai ! », considère-le comme un rempart qui t'empêche d'affronter tes peurs. Car je suis ainsi, moi, la timidité… juste là, pour te faire grandir.

Si tu veux sortir de l'ombre, de cet enfermement, je t'invite à apprendre à assumer ce que tu ressens ou ce que tu penses face aux autres. Car je n'existe en toi que par ta façon d'être… et les erreurs de pensée qui y sont associées.

Si tu veux passer de l'ombre à la lumière, je t'invite à oser expérimenter en avançant pas à pas.

Si tu veux me surpasser, me dépasser, je t'invite à prendre le risque de te tromper, de bafouiller, de perdre tes mots…

En somme, autorise-toi à accepter volontairement et en toute conscience de rougir, de te sentir gêné.e et de t'améliorer progressivement en multipliant les expériences d'affirmation de soi !

N'abandonnez jamais votre droit à l'erreur, car vous perdriez la capacité d'apprendre des choses nouvelles et d'avancer dans la vie.

David D. Burns
(1942)
Psychiatre américain

Je suis la Trahison

Si j'existe en toi, c'est qu'il y a quelqu'un ou quelque chose qui a rompu un accord connu ou implicite de fidélité et de confiance.

Si j'existe en toi, c'est qu'une attache affective et importante te reliait à cette personne ou à cette cause. Je ne suis pas une émotion, mais un sentiment qui marque une rupture entre une croyance et une réalité. Je surviens comme quelque chose d'inattendu et d'inenvisageable, d'où la souffrance que je véhicule.

Si j'existe en toi, c'est pour te signifier que la notion de loyauté est à redéfinir avec cette personne ou cette cause.

Si j'existe en toi, c'est que tu vis un processus de changement où le temps est un allié important pour accéder à un nouvel état.

Pour me traverser, tu devras ressentir tout ce que je charrie de désagréable. C'est une étape souvent douloureuse, mais je suis ainsi, je suis là pour te signifier une fausseté ou une tromperie.

Pour avancer, explore mon développement et examine les principes et les croyances à réévaluer. C'est à ce prix-là que tu pourras réajuster le lien de confiance que tu souhaites établir.

Pour clarifier la situation, vérifie les faits afin d'en tirer un enseignement. Si tu veux changer ta perception des choses, corrige tes attitudes et tes agissements en fonction de ce que tu as découvert. Le contrat sera revu et corrigé en réajustant le « curseur » de la confiance à son juste niveau. Sachant que seul le temps peut, si le cœur t'en dit, rétablir un niveau de confiance acceptable.

En somme, je suis un « curseur » de confiance et de loyauté que tu seras à même de bouger et de rétablir selon les circonstances vécues.

La loyauté a son petit côté d'obligation, de contrat à respecter.

André Mathieu
(1942 – 2009)
Romancier québécois

Je suis la Tristesse

Si j'existe en toi, c'est pour
te révéler un manque à combler.

Si j'existe en toi, c'est pour
te signaler que ce manque est en relation
avec un besoin qui affecte tout ton être.
La reconnaissance de mon existence en toi
ne suffira pas pour me faire disparaître.

Si j'existe en toi, c'est pour t'indiquer que
la perte de quelqu'un ou de quelque chose
revêt une importance pour toi bien au-delà
de ce que tu imagines.

Prendre en considération les différentes
nuances de mon intensité sera salutaire
pour toi.

Si j'existe en toi, c'est pour t'aider
aussi à accéder à une partie de toi
dont tu ignorais la vulnérabilité.
Si cette sensibilité t'effraie,
alors je m'attacherai
à m'associer à la colère
pour mieux me faire
entendre.

Pour identifier le besoin affectif qui se rattache à moi, je t'invite à me laisser te coloniser complètement. Veille à ce que ta raison ne te soumette pas l'idée de « stupide, ridicule ou inutile » de mon existence. Dans le cas contraire, je serai contrainte de m'associer à des réactions telles que les pleurs, la frustration, l'impuissance, pour obtenir de toi l'égard qui m'est dû.

Pour me franchir, mène l'expérience émotionnelle jusqu'au bout avec beaucoup de compassion vis-à-vis de toi et d'attention à ce qui surgit. C'est en apprenant de toutes mes teintes que tu pourras authentifier tous les besoins à satisfaire. Écoute ton cœur !

Pour me donner du sens, assume ce que tu observes. Recherche dans tes expériences émotionnelles passées les situations qui sont restées en souffrance pour une raison ou pour une autre — et parfois même sans raison. Car je suis ainsi, lorsque je n'ai pas été vécue pleinement, je reste là à me nourrir de frustration, de la non-expression de chagrin, de peine, allant jusqu'à provoquer une dépression.

Pour retrouver un équilibre, commence par savoir ce que tu veux et surtout à exprimer tes désirs. Ne te laisse pas abuser par tes principes et tes croyances ! Sache qu'un désir doit être exprimé (ce qui ne veut pas dire qu'il faille systématiquement le réaliser). Sache aussi qu'il faut croire fermement à ce que l'on veut pour l'obtenir.

Pour retrouver l'enthousiasme et l'énergie, laisse émerger tes besoins réels, car c'est ainsi que tu pourras agir dans ton intérêt et également celui de tes proches.

En somme, gagne en conscience en prenant soin de ressentir toutes les nuances des émotions qui t'habitent.

Tu n'y verras clair qu'en regardant en toi.
Qui regarde l'extérieur rêve.
Qui regarde en lui-même s'éveille.

Carl Gustav Jung
(1875 – 1961)
Psychiatre suisse

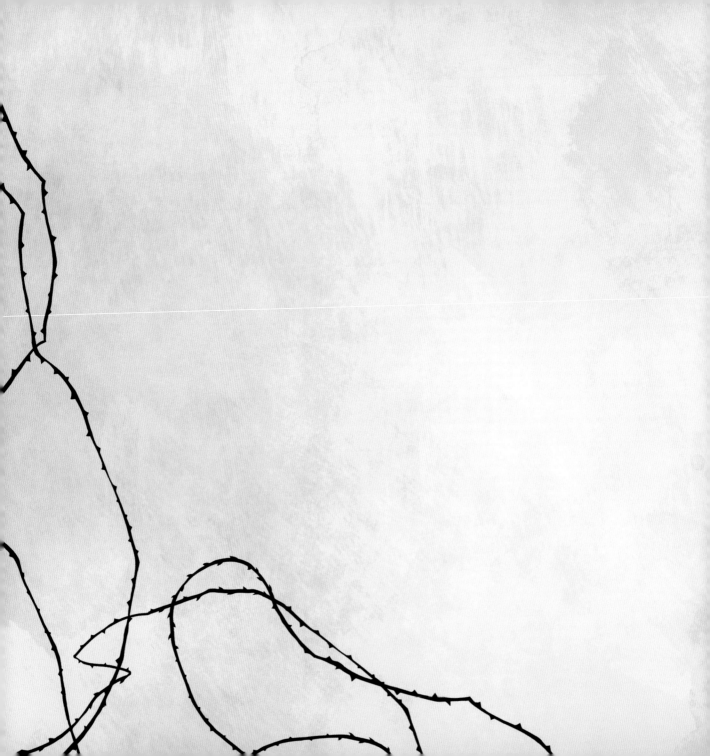

Lexique

ÉMOTION : n.f. Dans le dictionnaire Le Robert (1993), « émotion » est un mot issu de « motion » qui concerne le mouvement, terme apparaissant au XIIIe siècle en français comme en langues saxonnes et portant l'idée d'un mouvement qui s'accomplit ; la racine latine *emovere* signifiant « mettre en mouvement ». Il existe les émotions primaires, appelées également émotions de base, dont la joie, la tristesse, la peur, la colère, le dégoût et la surprise. Viennent ensuite, selon les auteurs, les émotions secondaires, appelées également émotions complexes ou mixtes : certaines émotions primaires se sont regroupées pour en former d'autres. Puis des pseudo-émotions ou émotions à caractères somatiques lorsque le corps vient accentuer les émotions non comprises.

HÉDONISTE : adj. et nom. Dans le dictionnaire Larousse (2009) du grec *hedone*, plaisir. En philosophie, doctrine morale qui fait du plaisir le principe ou le but de la vie. Dans ce recueil, il vient souligner le plaisir que j'ai à apprendre et à partager.

PENSÉE RÉFLEXE (ou erreur de pensée) : terme utilisé en Thérapie Comportementale et Cognitive pour désigner un mode de fonctionnement qui s'est installé sans que nous en ayons vraiment conscience. Pour l'identifier, l'aide d'un.e professionnel.le est nécessaire.

PENSÉE CATASTROPHISTE : une des nombreuses pensées réflexes existantes. L'imaginaire prend le dessus sur la raison. Ainsi, c'est à partir d'un évènement peu important ou désagréable que cette pensée s'installe en nous faisant croire à toutes sortes de malheurs — une forme d'exagération de la réalité — de façon inconsciente. Une stratégie de raisonnement va venir à bout de cela avec l'aide d'un.e professionnel.le.

SENTIMENT : n. m. Connaissance plus ou moins claire donnée d'une manière immédiate : sensation, impression (Larousse 2009). Ici, il évoque un état émotionnel qui regroupe à la fois des émotions et un aspect instinctif de soi mêlant représentations, croyances et réalité.

RESSENTI : n. m. Impression liée à la manière dont on perçoit quelque chose, une situation (Larousse, 2009). C'est un mélange entre des émotions simples ou complexes et la façon dont on les perçoit. S'ajoutent à cela l'influence de notre éducation, notre culture.

VALEUR INTRINSÈQUE : Terme désignant les valeurs telles qu'énoncées par Slalow Schwartz, sociologue, dont les personnes s'imprègnent et qui régissent leur mode de fonctionnement et leur mode de pensée. Valeur intrinsèque peut se traduire par « valeur à l'intérieur de soi et propre à soi ».

Table des Matières

Préambule	5
Le mot de l'illustratrice	7
Je suis l'Abandon	8
Je suis l'Agacement	10
Je suis l'Agressivité	12
Je suis l'Amertume	14
Je suis l'Amour	16
Je suis l'Angoisse	18
Je suis l'Anxiété	20
Je suis l'Attendrissement	22
Je suis Blasé.e	24
Je me sens Blessé.e / Je suis Blessé.e	26
Je suis la Colère	28
Je suis la Consternation	30
Je suis la Culpabilité	32
Je suis la Déception	34
Je suis le Découragement	36
Je suis le Dégoût	38
Je suis le Désarroi	40
Je suis le Désespoir	42
Je suis l'Énervement	44
Je suis l'Ennui	46
Je suis l'Envie	48
Je suis l'Estime de soi	50
Je suis l'Euphorie	52
Je suis l'Excitation	54
Je suis la Fierté	56
Je suis la Frustration	58
Je suis la Haine	60
Je suis la Honte	62
Je suis l'Humiliation	64
Je suis l'Impuissance	66
Je suis l'Injustice	68

Je suis l'Irritation	70
Je suis la Jalousie amoureuse	72
Je suis la Jalousie envieuse	74
Je suis la Joie	76
Je suis le Mépris	78
Je suis la Nostalgie	80
Je suis l'Orgueil	82
Je suis la Patience	84
Je suis la Peur	86
Je suis le Plaisir	88
Je suis la Rancune	90
Je suis le Regret	92
Je suis le Rejet	94
Je suis le Remords	96
Je suis la Révolte	98
Je suis la Souffrance émotionnelle	100
Je suis le Soulagement	102
Je suis le Stress	104
Je suis la Surprise	106
Je suis la Timidité	108
Je suis la Trahison	110
Je suis la Tristesse	112
Lexique	115

Remerciements

Merci, Christian, pour la confiance accordée depuis toutes ses années.
Elle me permet de me sentir libre de réaliser mes projets, dont celui-ci.

Merci, Élodie, pour avoir ouvert la voie, pour tes conseils et ton soutien. Tu m'as donné envie de publier
ce recueil et d'en faire profiter un plus grand nombre au lieu de l'utiliser uniquement en séances individuelles.

Merci, Stéphane, pour ta bienveillance et ta disponibilité.
Ton regard professionnel a su relever des évidences (pour moi) qui avaient besoin d'être clarifiées.

Merci, Karine, correctrice et bêta-lectrice.
Vous m'avez invitée à affiner cet écrit, à le rendre plus compréhensible pour un plus grand nombre.
Vos suggestions ont été les bienvenues et ont permis de faire grandir encore un peu plus ce recueil.

Merci, Cyrielle, pour les illustrations de ce recueil.
Ton talent vient sublimer mes écrits en les projetant dans une autre dimension.
Le résultat dépasse mes espérances. *A great and prodigious work, thanks to the artist.*

Merci à toutes les personnes rencontrées et celles à venir. Certaines ont mis en lumière des émotions cachées et
m'ont permis de faire le tri dans mes relations. D'autres ont fait grandir ce que je suis.
Un remerciement particulier aux Granadas (ils se reconnaîtront).

L'auteure

Caroline Foucher est hypnothérapeute. Après avoir obtenu un Master en sciences humaines et un diplôme en Hypnose Humaniste et Thérapie Symbolique Avancée, elle a choisi de se consacrer à sa passion : le vivant et l'être humain. Hédoniste dans l'âme et dotée d'un cœur d'optimiste, elle joue avec les mots et observe les maux pour en dévoiler toutes les saveurs, les odeurs, les caractéristiques et les rendre compréhensibles au plus grand nombre. Ses sujets de prédilection sont la psychologie, la philosophie, la sociologie et la poésie. *Murmure des émotions*, en collaboration avec sa fille, est son premier recueil.

L' illustratrice

Cyrielle Foucher est illustratrice. Diplômée de l'école d'Art Supérieur Pivaut à Nantes, elle écrit et dessine ses propres bandes dessinées. Elle a déjà à son actif l'illustration d'un conte et de son tarot divinatoire en collaboration avec sa sœur et autrice, Elodye H.Fredwell. Passionnée par les mythes de toutes cultures confondues, elle se lance régulièrement dans de nouveaux projets. *Murmure des émotions* est son premier recueil illustré.